电子竞技与数字娱乐专业人才培养丛书

电子竞技运动教程

主　编　张　旭　王　亮
副主编　王　琼　杨玮亚　汪勇成

中山大学出版社
SUN YAT-SEN UNIVERSITY PRESS
·广州·

版权所有　翻印必究

图书在版编目（CIP）数据

电子竞技运动教程/张旭，王亮主编. —广州：中山大学出版社，2023.8
（电子竞技与数字娱乐专业人才培养丛书）
ISBN 978-7-306-06831-6

Ⅰ.①电… Ⅱ.①张…②王… Ⅲ.①电子游戏—运动竞赛—教材
Ⅳ.①G898.3

中国版本图书馆 CIP 数据核字（2020）第 023393 号

出　版　人：	王天琪
策划编辑：	邹岚萍
责任编辑：	高　洵
封面设计：	曾　斌
责任校对：	邱紫妍
责任技编：	靳晓虹
出版发行：	中山大学出版社
电　　话：	编辑部 020-84110283，84113349，84111997，84110779，84110776
	发行部 020-84111998，84111981，84111160
地　　址：	广州市新港西路 135 号
邮　　编：	510275　　传　真：020-84036565
网　　址：	http://www.zsup.com.cn　E-mail：zdcbs@mail.sysu.edu.cn
印　刷　者：	佛山市浩文彩色印刷有限公司
规　　格：	787mm×1092mm　1/16　9.5 印张　165 千字
版次印次：	2023 年 8 月第 1 版　2023 年 8 月第 1 次印刷
定　　价：	35.00 元

如发现本书因印装质量影响阅读，请与出版社发行部联系调换

电子竞技与数字娱乐专业人才培养丛书
编委会

总顾问 潘知常
主　编 张　燕
副主编 王贤波　张焕志　黄　淼　张　旭
编　委 潘业喜　殷　俊　曹　阳　孙才尧　姚　宇
　　　　　曹　斌　王　亮　章　凯　王思行

序 言

2003年，经国家体育总局批准，电子竞技运动（以下简称"电竞运动"）成为我国第99个正式比赛项目，此后，经过15年的发展，到2018年，电竞运动迎来了发展的第一次高峰，雅加达亚运会第一次将电竞运动项目纳入表演项目，共有《英雄联盟》《王者荣耀》《皇室战争》等六个项目入选，中国队在本届比赛中参与了三个项目的比赛，取得了两金一银的好成绩。当五星红旗在亚运会会场上升起时，参加电竞运动项目的每一位中国选手都感到无比自豪。自此之后，电竞运动开始在中国受到史无前例的关注，围绕电竞运动的产业链逐步完善，一个新兴的产业集群正在全国各地兴起。

为适应电竞运动新产业链对从业人才快速增长的需求，2018年6月，金陵科技学院与江苏省体育局、南京视觉互娱文化传播有限公司等共同发起成立了新兴产教融合机构——金陵科技学院电子竞技产业学院，致力于电竞人才培养、电竞行业从业标准研发、电竞人才职业发展规划设计、电竞赛事与俱乐部运营研究、电竞产业发展的智库建设等产学研一体化工作。

金陵科技学院作为应用型本科高校的代表，在设立电子竞技产业学院的同时，于2018年联合南京师范大学、江南大学、南京艺术学院、中国传媒大学南广学院（今南京传媒学院）等18所高校组建了江苏省高校电子竞技教育联盟。2019年1月，由江苏省电子竞技运动协会牵头，成立了江苏省高校电子竞技运动教学指导委员会，众多高校齐心协力、形成合力，推进江苏省电竞运动和电子竞技产业的发展。教育联盟作为一个合作平台，正在发挥高校智力资源优势，为产业升级服务，为行业培养人才服务。

2019年3月，江苏省高校电子竞技教育联盟相关高校共同商议，启动"电子竞技与数字娱乐专业人才培养丛书"撰写计划，由中山大学出版社立项，分期出版，第一批立项项目共计10个（10种图书），覆盖当前电竞运动与管理相关领域的专业基础知识，为当前电竞运动产业发展、人才培养提供系统性理论支撑和操作指引，适用于专科及应用型本科层次的人才培养需求。丛书计划在近一两年内陆续出版，产教融合的第一批成果行将正式产生。

在此，编委会要感谢丛书编写者，我们相信，他们的辛勤努力将对长三角地区乃至全国的电竞运动教育的发展起到重要的推动作用。感谢江苏省体育局、江苏省电子竞技运动协会和金陵科技学院对电子竞技产业学院的支持。感谢中山大学出版社编审邹岚萍女士对丛书的重视。她和她的同事对书的内容严格把关，审稿工作严谨、认真、细致、专业，提高了书的质量，使得我们在将丛书推向市场的过程中有了更大的信心。

电竞运动产业作为新兴文化体育产业，已进入快速发展阶段，许多新的现象和问题不断产生，本丛书在编写过程中难免会对这些现象和问题有所疏漏，恳请广大读者能及时反馈给我们，帮助我们今后进一步提升和完善。"众人拾柴火焰高"，我们坚信，所有的电竞爱好者、专家学者共同发力，必将推动我国电竞运动产业进入"健康、可持续和高质量"的发展阶段。

丛书编写委员会

2020 年 2 月 28 日

目 录

第一章 电子竞技运动概述 1
一、电子竞技运动的起源与发展 1
二、电子竞技产业概述 17
三、电子竞技运动的概念与特征 26
四、当代电子竞技运动趋势分析 31
五、电子竞技运动与奥林匹克精神 35

第二章 电子竞技运动设备概述 38
一、电子竞技运动设备的发展 38
二、电子竞技运动设备的分类 41

第三章 电子竞技运动场地概述 46
一、电子竞技运动场地简介 46
二、国内外不同规模电子竞技运动场馆案例分析 48

第四章 主流电子竞技运动项目概述 60
一、主流电子竞技运动项目类型 60
二、多人在线战术竞技类游戏（MOBA） 61
三、集换式卡牌类游戏（TCG） 63
四、第一人称射击类游戏（FPS） 66
五、即时战略类游戏（RTS） 67
六、格斗技术类游戏（FTG） 69
七、多人在线模拟体育运动类游戏 71

第五章　主流电子竞技项目基础知识 …… 75
一、多人在线战术竞技类游戏基础知识 …… 75
二、集换式卡牌类游戏基础知识 …… 77
三、第一人称射击类游戏基础知识 …… 80
四、即时战略类游戏基础知识 …… 82
五、格斗技术类游戏基础知识 …… 86
六、多人在线模拟体育运动类游戏基础知识 …… 86

第六章　主流电竞项目基本操作 …… 89
一、多人在线战术竞技类游戏基本操作 …… 89
二、集换式卡牌类游戏基本操作 …… 93
三、第一人称射击类游戏基本操作 …… 104

第七章　电子竞技比赛规则概述 …… 108
一、多人在线战术竞技类游戏比赛规则 …… 108
二、第一人称射击类游戏比赛规则 …… 116
三、即时战略类游戏比赛规则 …… 120
四、集换式卡牌类游戏比赛规则 …… 121
五、格斗技术类游戏比赛规则 …… 125
六、多人在线模拟体育运动类游戏比赛规则 …… 126

第八章　主流电竞战术 …… 130
一、多人在线战术竞技类游戏战术 …… 130
二、第一人称射击类游戏战术 …… 134
三、即时战略类游戏战术 …… 136
四、多人在线模拟体育运动类游戏战术 …… 139

第九章　电竞战队参赛工作 …… 143
一、电竞战队赛前工作 …… 143
二、电竞战队赛后工作 …… 144
三、电竞战队的未来 …… 144

第一章 电子竞技运动概述

一、电子竞技运动的起源与发展

电子竞技运动（electronic sports），顾名思义，就是以电子游戏为载体，达到"竞技"层面的比赛活动。它是利用电子设备作为运动器械进行的人与人之间脑力、体力对抗的体育运动项目。竞技运动可以锻炼和提高参与者的思维能力、神经反应能力、大脑与四肢协调能力和意志力，同时，还可以培养团队协作、沟通能力。如今，电子竞技运动已经具有一种体育精神。国家体育总局也将电子竞技运动改批为第78个正式体育竞赛项目。从娱乐领域的电子游戏发展到体育领域的电子竞技项目，电子竞技运动的发展经历了风风雨雨。

（一）电子竞技运动的起源

谈到电子竞技运动，还要从它的载体——电子游戏说起，正是电子游戏行业的发展催生了电子竞技这项运动。

1946年2月14日，美国宾夕法尼亚大学的科学家发明了世界上第一台可编程计算机——ENIAC。当时，该计算机主要用于计算炮弹弹道，机器体积庞大，占据了实验室的整个房间，机身内容纳了1500个机械式继电器和17000个真空管。机器使用卡片阅读器和打卡器进行控制，与现代计算机有很大的差异，当时的媒体赞誉它为"巨脑"。这是人类在实现人工智能道路上迈出的一大步。

随后，现代计算机的使用不仅仅局限于军事领域，科学家开始尝试在棋类项目中使用计算机进行计算。1947年，英国科学家图灵写出了第一个国际象棋程序，规则空间看似简单的国际象棋实际上蕴含着呈几何级数增长的复杂度，所以电脑必须学会像人类一样思考的下棋方式。然而，当时的电脑技术却无法实现它的先进算法。图灵通过模仿代码的执行方式与同事对弈，在数个小时的模仿之后，图灵输了。这是人类历史上有记载的第一次使用电子媒介进行的竞技活动。

1951年，英国政府在伦敦举办了名为"不列颠节"（Festival of Britain）的艺术、科学、文化节。这次展会上一个运行Nim游戏的Nimrod机器（如图1-1）成功吸引了民众的目光。使用Nimrod机器可以实现传统桌上游戏Nim的人机对战。参观的民众对复杂的机器结构和数学原理并不感兴趣，而发光的真空管和人机对战的游戏Nim引起了他们的好奇心。

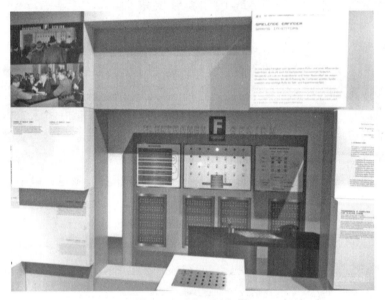

图1-1 Nimrod机器

图片来源：http://tech.sina.com.cn/e/2018-05-25/doc-ihaysviy8223932.shtml。

1952年，亚瑟·塞缪尔（Arthur Samuel）编写了第一个西洋跳棋（Checkers）游戏程序，并在之后赋予了其自动学习的能力。到1962年，这个能够从过去的错误中吸取教训的程序打败了美国一个州的跳棋冠军。

1958年，物理学家威廉·希金博特姆（William Higinbotham）博士时任布鲁克海文国家实验室的仪器部主任。实验室每年都会设立公众开放日，展示国家的前沿科技，但大众面对实验室的仪器时通常感到十分无聊，提不起兴趣。为了激发大家的兴趣，希金博特姆想在开放日弄些新鲜玩意。后来，他有了一个有趣的想法：在示波器上进行网球游戏（如图1-2）。游戏设计得相对简单，使用两条若隐若现的直线模拟双方的网球拍，屏幕中间一条短线代表球网。同时设计了游戏的控制器（如图1-3），使用改造过的旋钮控制球拍上下移动，并使用按钮击球，实现双方对战。

图1-2 以示波器为载体的《双人网球》游戏

图片来源：http://k.sina.com.cn/article_6878452088_199fcd97800100mfg6.html。

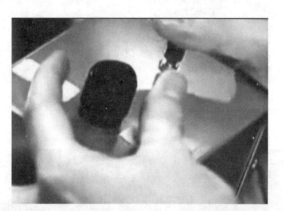

图1-3 《双人网球》游戏专用控制器

图片来源：https://www.sohu.com/a/240654059_99895896。

在1958年的开放日活动中，这个特别的装置完全吸引了参观游客的注意力，游客们玩得不亦乐乎，参观的人们都惊叹于该游戏的巨大吸引力。在1959年的开放日活动中，该游戏又一次展出，同样吸引了大量游客前来体验。这也是人类历史上第一次在公共场合以电子游戏的方式开展的竞技活动。

（二）全球电子竞技运动的发展

1. 萌芽期（1973—1980年）

1962年，美国麻省理工学院的学生史蒂夫·拉塞尔（Steve Russell）和他的几位同学设计并开发了一款名为《太空大战》（Space War）的双人射击游戏（如图1-4）。这款游戏的诞生有些偶然，作为业余研究，他们开创性地为PDP-1计算机配备了显示屏和键盘。一开始，他们并没有想制作游戏。然而，在面对这些新加入的元素时，他们有了创造性的想法：在黑色屏幕上控制飞船进行射击。于是，两个玩家控制飞船在太空对射的游戏《太空大战》（如图1-5）诞生了。

图1-4 《太空大战》游戏开发测试

图片来源：be-quip网站。

图1-5 《太空大战》游戏界面

图片来源：https://www.sohu.com/a/162247315_691078。

《太空大战》游戏在学校里名气越来越大，收获了大量的玩家群体，常有学生慕名前来体验游戏的乐趣。制作者们曾考虑将游戏商业化，但苦于当时PDP-1计算机成本问题，最终没有实施。生产PDP-1的DEC公司发现《太空大战》游戏巨大的号召力，后来，为了进行销售宣传，便在每台出售的PDP-1上都预装了这个游戏。《太空大战》虽然不是世界上第一款电子游戏，却是世界上第一款真正意义上的具有娱乐性质的电子游戏。

1972年10月19日，斯坦福大学的学生使用《太空大战》游戏在学校实验室里举行了名为"银河杯太空大战奥林匹克"（Intergalactic Spacewar Olympics）的电子游戏竞赛，赢得比赛的学生可获得由《滚石杂志》（Rolling Stone）提供的一年免费杂志，同时获得冠军的头衔。这是世界电子竞技运动的起源，这场比赛也是电子竞技历史上第一场比赛，由此产生了世界上第一批电子竞技比赛选手。

1980年，电子游戏公司雅达利举办了"太空侵略者锦标赛"（The Space Invaders Championship）大型游戏竞技比赛（如图1-6）。比赛中使用1979年日本游戏公司南梦宫出品的游戏——《太空侵略者》作为竞技项目。

图1-6　"太空侵略者锦标赛"比赛现场

图片来源：https://www.sohu.com/a/414279590_258858。

当时参加"太空侵略者锦标赛"的选手超过1万人，在美国引起了巨大轰动，各媒体争相报道。在此之后，竞技性游戏逐渐成了主流的游戏类型。这次比赛的成功举办很大程度上促进了游戏行业的发展。

2. 初见期（1980—1990年）

20世纪80年代的传播媒体并不发达，人们了解电子竞技的渠道很少，只能在广播和电视中看到一些与电子竞技相关的报道。1982年，电子竞技第一次被搬上了电视荧幕。美国TBS电视台制作了世界上首档电子竞技比赛节目《星际游乐园》（Starcade）（如图1-7）。节目内容主要是玩家尝试打破其他玩家保持的游戏最高分纪录。许多玩家因为节目有趣或为了证明自己而参赛。人们也开始通过电视荧幕了解到电子竞技的详细内容。《星际游乐园》节目于1982—1984年共播出133集，得到了不错的反响。

图1-7　《星际游乐园》节目录制现场

图片来源：https：//www.sohu.com/a/249323022_100167074。

1983年，美国组建了国家电子竞技游戏团队，开以国家名义参加电子竞技比赛之先河。1985年，比利·米切尔（Billy Mitchell）参加《吃豆人》（Pac-Men）和《大金刚》（Donkey Kong）竞技比赛，连续6场保持最高分纪录，成功创造了吉尼斯世界纪录。比利·米切尔之后成为《吃豆人》游戏中首个满分获得者。他在约6个小时的时间里准确地按下了3万次转弯键，通过256关，并吃掉所有的豆子和奖励物品，最终获得3333360分。比利·米切尔因此获得了大批粉丝。之后又有多家广告公司请他为产品代言,他也因此成为世界上第一个家喻户晓的电子竞技明星。

3. 发展期(1990—2000 年)

随着网络技术的发展、制造成本的降低,互联网逐渐普及。进入20世纪90年代后,电子游戏逐渐实现了网络化,选手们不再需要坐在一起,通过网络即可实现远程联网游戏。正是电子游戏的网络化将电子竞技行业带入快速增长期。

在此时期,传统的PC游戏厂商为争抢市场,均为自家的PC游戏加入网络对战功能。其中,*Netrek*游戏(如图1-8)实现了16位玩家同时在线竞技,开多人在线战术竞技游戏(Multiplayer Online Battle Arena, MOBA)之先河。*Netrek*游戏是第一个联网团队游戏,实现了组队竞技。同时,它还是第一个能够保存用户信息的网络游戏。1993年,*Netrek*游戏被美国杂志《连线》(*Wired*)评为"第一个在线体育游戏"。在电子竞技(简称"电竞")网络化的进程中,MOBA类游戏功不可没。

图1-8 网络游戏 *Netrek* 游戏界面

图片来源:https://www.sohu.com/a/251847133_100167074。

随着电竞的网络化,20世纪90年代举办了多次竞技赛事,其中较有影响力的当属日本游戏公司任天堂举办的"任天堂世界锦标赛"。从1990年开始在美国29个城市巡回举办的第一届"任天堂世界锦标赛"(如图1-9),主办方任天堂将玩家分为"11岁及以下""12~17岁""18岁以上"3个组别进行比赛。参赛者先在所在城市进行预选赛,获得冠军的玩家将赢得一座奖杯、250美元奖金和决赛的入场券。第一届"任天堂世界锦标赛"共有90名参赛者入围最终决赛。

图1-9　1990年第一届"任天堂世界锦标赛"宣传海报和现场
图片来源：https：//www.sohu.com/a/283945262_733605。

　　1994年举行的第二届"任天堂世界锦标赛"的赛制和第一届类似。但在此之后很长一段时间，任天堂再也没有举办电子竞技游戏比赛。毫无疑问，这些比赛很大程度上促进了电子竞技行业的发展。此时的比赛主要由游戏机厂商主导。20世纪90年代末期，互联网的快速普及使电子游戏行业进一步发展壮大。此时，id Software、维尔福软件公司（Valve Software，简称"维尔福"）、暴雪娱乐公司（Blizzard，简称"暴雪"）出品的"雷神之锤""反恐精英""星际争霸"等系列竞技类游戏在玩家群体中广受好评。从此，竞技活动逐渐由厂商主导向玩家主导发展。

　　随着PC网络游戏的普及，世界各地的电子竞技组织开始成立，这些竞技组织开始定期举办电子竞技比赛。1997年在美国达拉斯成立的职业电子竞技联盟（Cyberathlete Professional League，CPL）下设"反恐精英""雷神之锤"和"魔兽争霸"3个竞技游戏项目。ZeniMax Media和游戏软件厂商id Software每年举办QuakeCon"雷神之锤"游戏竞技比赛。2002年CPL冬季赛宣传海报如图1-10。

第一章　电子竞技运动概述

图1-10　2002年CPL冬季赛宣传海报

图片来源：https：//www.sohu.com/a/162247315_691078？qq-pf-to=pc-qq.c2c&spm=smpc.content.huyou.5.1591030252794m0hx1zh。

同时，在亚洲，人们也开始燃起对电竞的热情，其中以韩国最为突出。韩国到现在都是公认的电竞大国，拥有最丰富的电竞报道，还有专门的电视频道24小时播放电竞比赛。（如图1-11）在韩国，电竞是一个正规的行业，每年可给韩国带来可观的经济收益，而职业电竞选手在韩国受欢迎的程度丝毫不输于体育和娱乐明星。更让人难以置信的是，韩国政府居然还有专门负责管理电子竞技行业的部门。可以说，电竞在韩国已实现产业化发展。

图1-11　韩国电子竞技赛事现场

图片来源：https：//www.sohu.com/a/162247315_691078？qq-pf-to=pcqq.c2c&spm=smpc.content.huyou.5.1591030252794m0hx1zh。

4. 爆发期（2001—2012年）

21世纪，随着电竞行业的飞速发展，大型比赛开始如雨后春笋般出现，如2002年开始举办的职业游戏大联盟（Major League Gaming，MLG）、2007年开始举办的英特尔极限大师赛（Intel Extreme Masters，IEM），而最著名的当属2000年在韩国开始举办的世界电子竞技赛（World Cyber Games，WCG）（如图1-12）。

图1-12 世界电子竞技赛（WCG）赛事标志

图片来源：https://www.sohu.com/a/162247315_691078?qq-pf-to=pc-qq.c2c&spm=smpc.content.huyou.5.1591030252794m0hx1zh。

WCG被称为"电子竞技奥运会"，在当时，参加WCG是所有电子竞技选手的梦想。由于是韩国政府扶持的项目，赛事在成立初期就得到许多大品牌的赞助。2001年10月5—9日举行的首届赛事就吸引了37个国家和地区共430名选手参赛。赛事游戏包含《雷神之锤》、FIFA 2001、《星际争霸》、《帝国时代》等，而最吸引人的当属2万美元的总奖金。

2011年直播平台Twitch的出现，使电竞真正深入人心。Twitch由Justin Kan和Emmett Shear联合创立。如今，Twitch是世界上最成功的直播平台之一。随着Twitch的成功，许多国家的游戏厂商开始打造属于自己的游戏直播平台，世界各地的玩家可以非常便捷地在网上观看自己想看的电竞内容，电竞正式进入了一个大直播时代。而无数的比赛、直播也让我们离电竞越来越近。

5. 稳定期（2013年至今）

如今，游戏玩家逐渐被非游戏玩家认可。2013年，美国许多大学开始承认有电竞选手身份的学生为运动员，并为其提供运动奖学金。同年，加拿大一名 LOL ID 为"Shiptur"的职业选手,成为第一个接受美国 P-1A 签证指定的国际认证运动员。

2014 年 1 月 13 日,中国中央电视台体育频道《体育人间》栏目播放了英雄联盟皇族战队的纪录片。

2014 年 2 月,WCG 主办单位表示,自 2014 年起,WCG 官方考虑世界电竞发展趋势及商业环境等因素,将不再举办相关活动,包括 WCG 年度总决赛。

2014 年 7 月 22 日凌晨,在美国西雅图结束的第四届 Dota 2 国际邀请赛(TI 4)中,来自中国的 Newbee(新兵)战队拿到总决赛冠军。

在 WCG 赛事停办后,GTV(Game TV)游戏竞技频道和银川圣地国际游戏投资有限公司作为全面战略合作伙伴,将共同打造世界电子游戏竞技大赛(World Cyber Arena,WCA)这一崭新的国际赛事。该赛事承继了 WCG 国际比赛赛制。

2014 年,银川市政府主办 WCA 2014,旨在吸引全球电子竞技团队进行巅峰对决,实现"英雄梦"。WCA 的永久举办地为中国宁夏回族自治区首府银川市。

2015 年 5 月,中国 EDG(Edward Gaming)战队击败韩国 SKT(SKTelecom T_1)战队,获得了《英雄联盟》MSI(Mid-Season Invitational,《英雄联盟》季中冠军赛,简称"季中赛")冠军。这是中国 LPL 赛区队伍在世界级比赛上获得的第二个冠军。

2015 年 8 月 9 日,EG(Evil Geniuses)击败 CDEC(China DotA Elite Community,中国 DotA 精英联盟),获得第五届 Dota 2 国际邀请赛(TI5)冠军荣誉。同年 12 月,多益网络发布国产电竞游戏《第十域:英雄起源》内测预约,受到国人期待。

2015 年 2 月 14 日,WCA 组委会宣布,中国著名女星 Angelababy(杨颖)倾力加盟。

WCA 2015 自 2015 年 4 月 13 日正式开赛以来,截至 5 月 12 日,总观赛人数已达 5800 万,该届赛事总观赛人次多达 8000 万,堪称国内电竞赛事历史之最。

2016 年 1 月 31 日晚,EHOME 以 3:0 的成绩击败 EG,登顶 MDL。

在 2016 年 4 月 18 日凌晨结束的 Dota 2 SLI 国际邀请赛上,VG. R 战队经过 4 盘苦战,以 3:1 的成绩战胜 NaVi 战队,获得了冠军。

2016年4月24日，*Dota 2* ESL ONE 马尼拉锦标赛的决赛中，Wings 战队以3∶0的成绩击败 Liquid 战队，获得本次 ESL ONE 世界冠军。

2016年8月14日，Wings 战队以3∶1的成绩击败 DC 战队，夺得2016年 DOTA 国际邀请赛冠军，获得9139002美元（约合人民币6048万元）的奖金，捍卫了中国 DOTA 战队的荣誉。

2016年3月30日，阿里体育在上海召开新闻发布会，其旗下电子体育事业部正式亮相，并宣布创办世界电子竞技运动会（World Electronic Sports Grames，WESG）。

WESG 有100多个参赛国家和地区，首届奖池550万美元，阿里体育共投入1亿元人民币。中国区预选赛于2016年4—8月进行，海外预选赛于6—9月进行，全球决赛于10月进行，总决赛于2017年1月在中国举办。

2016年，有别于其他电竞赛事，WESG 制定并发布了一套以奥运项目为标准，并充分结合电竞运动特质的管理规定，包括运动员年龄与国籍认定、道德礼仪准则、处罚申诉条例等，以此推动世界电竞运动的良性发展。此外，阿里体育还创办了其他电竞比赛，并将赛事各个环节在其电竞平台上进行整合。同时，紧密结合阿里生态体系，建设包含电商交易、赛事执行供应链服务、线上数字营销等一系列强大功能的电子产业平台。赛事启动的同时，阿里体育还向北京、上海和杭州等城市的首批20个电竞场馆授予"阿里体育电竞中心"证书。

2017年7月，第二届世界电子竞技运动会在上海宣布开赛，第一场比赛同时在杭州打响。杭州赛区的比赛包括《反恐精英：全球攻势》、*Dota 2*、《星际争霸Ⅱ》和《炉石传说》4个竞技游戏项目。2017年的赛事以"世界竞在眼前"为口号，增设移动电竞和女子赛事体系。

2017年4月4日，第二届 *Dota 2* 亚洲邀请赛（DAC）落幕，中国战队 iG 在决赛中以3∶0的比分战胜外国劲旅 OG 战队夺得冠军，整个赛事多次获 CCTV 报道。

（三）我国电子竞技运动发展

1. 萌芽期（1996—1999年）

1996年，中国电子竞技开始萌芽，一些境外的电子游戏被引进中国内地，而电子游戏中携带的局域网对战功能，让中国人，尤其是青年一代体验到了公平竞技的乐趣。1997年，少数玩家建立了游戏组织，组建起初级意义上的战队。1998年，一些非官方形式的赛事举办，但规模相当有限。

对于中国而言，一个新兴产业的真正产生往往源于一个划时代产品的出现。1998年11月30日，暴雪公司联合Saffire公司正式发行即时战略游戏《星际争霸：母巢之战》(StarCraft：Brood War)。由于添加了新的游戏单位、科技、地图、背景音乐，并且对游戏平衡性进行了调整，该游戏被誉为一部"精心设计的资料片"，即时战略类游戏由此登上一个高峰。1999年6月19日，维尔福公司正式发售第一人称射击类游戏《反恐精英》(Counter-Strike)，"'恐怖分子'和'反恐精英'的团队对战理念""不同地图的回合制战斗""多任务模式的剧情"奠定了射击类游戏的设计基础。

《星际争霸》与《反恐精英》这两款具有历史意义的竞技游戏迅速占领了各大网吧，带动了网吧这种电竞载体的产业发展，在中国掀起了电子竞技游戏的第一股热潮。

2. 快速成长期（2000—2003年）

随着电子竞技类游戏内容不断更新、品质不断提升，加上各大游戏厂商不遗余力地进行市场推广和宣传，中国电子竞技游戏参与人数也不断增加，规模较大、参与广泛、影响力较强的赛事也相继出现。如2000年，著名的WCG赛事就开始由韩国国际电子营销公司（International Cyber Marketing，ICM）在全球范围内举办。同时，世界上首个正式电子竞技职业联赛及电视转播媒体也在韩国诞生。这项赛事迅速传播到中国，两名中国业余选手在次年的WCG上获得一银一铜的战绩，引起了国际上对中国电子竞技的关注。

2000年，韩国职业电子竞技协会（Korea e-Sports Association，KeSPA）获得韩国文化部、体育部和旅游部的共同批准，率先在全球成立，其"巩固电子竞技作为合法体育项目"的初衷和理念深深地影响了中国电子竞技的发展。同年，中国电子竞技联盟（China E-sport Association，CESA）在北京成立，并于当年8月举办了首届中国电子竞技争霸赛。2002年4月，由中国游戏中心举办的首届中国电子竞技大会（China Internet Gaming，CIG）正式开幕。此次竞技大会的最大亮点在于选手范围不仅包括内地，还有港澳台地区，共有30多万人参加。2002年9月，国内首个拥有自主知识产权的基于互联网多人联机游戏的电竞平台——"浩方对战平台"由浩方在线正式开始运营。

2003年，中国队在韩国举行的第三届WCG赛事中取得金牌榜第二名的好成绩，使得中国电子竞技的名号在国际上打开。同年7月，暴雪公司的又一旗舰型产品——《魔兽争霸Ⅲ：冰封王座》正式发售，中国也因此掀起了又一股新的电子竞技流行风潮。当年11月18日，一个重要的事件载入中国电子竞技产业发展的史册：国家体育总局宣布电子竞技成为中国第99个正式体育项目，电子竞技从此有了官方认可的合法身份。中国成为世界上第一个将电子竞技列为体育竞赛项目的国家，也是第一个将电子竞技办成国家体育联赛的国家。同年，GTV游戏竞技频道也在北京成立。作为专业化的大众游戏产业媒体，电子竞技成为其主营方向之一，在游戏爱好者群体中产生了巨大的影响。中央电视台体育频道的《电子竞技世界》节目也在2003年播出。主流媒体的声音对探索期的中国电子竞技产业发展来说显得尤为重要。

总体而言，在快速成长阶段，随着中国电子竞技水平的提升，最早的一批职业选手开始出现，初级层次的地方性电子竞技俱乐部也在局部地区成立，但由于受互联网整体环境所限，能够保障电子竞技活动顺畅开展的客观条件并不成熟，电子竞技还处于概念的萌芽和推广期，未能形成稳定的电子竞技产业链。

3. 行业转折期（2004—2008年）

2004年是中国电子竞技产业发展的又一个重要的转折点，被业界称为"中国电子竞技元年"。这一年，电子竞技世界杯（Electronic Sport World Cup，ESWC）、世界电子竞技大赛（WCG）等重要的国外赛事纷纷登陆中国。4月17日，由国家体育总局主导的中国电子竞技运动会（China E-sports Games，CEG）举行，正规体育比赛的模式得到官方层面的认可和推动。然而，当月国家广播电视总局发出《关于禁止播出电脑网络游戏类节目的通知》，包括《电子竞技世界》在内的所有相关电视节目都被要求停止播出。紧接着，电视媒体的遗憾缺席、广告赞助的纷纷撤离、比赛奖金的严重缩水，导致电子竞技产业的发展遭遇了"西伯利亚寒流"。

虽然发展暂时受挫，但仍有一些新鲜事物出现。例如，线上电竞VS平台出现，其强大的积分等级系统颠覆了传统平台模式。2004年6月13日，中国第一支电子竞技国家队正式成立。2005年3月中旬，凤凰卫视《鲁豫有约》栏目为电子竞技世界冠军制作专题节目。同年4月27日，第一个由中国人建立的国际电子竞技俱乐部——WE（World Elite）俱乐部成立，来自上海、北京、南京等全国10个省市的电子竞技俱乐部和竞赛委员会齐聚北京，在国家体育总局的指导下召开了CEG组委会的年度工作会议。这标志着中国电子竞技正式走上职业化的轨道。2005年第十届全国运动会也将电子竞技列为表演项目。

2006年，中华全国体育总会颁布了《全国电子竞技竞赛管理办法（试行）》。同年12月，中国著名电竞选手李晓峰（Sky）获得中国的首个世界电子竞技比赛冠军。2007年10月，第二届亚洲室内运动会在澳门举行，电子竞技第一次被纳入国际性综合体育运动项目，中国选手获得了3枚金牌。同年，NeoTV全程直播了WCG比赛。虽然电子竞技的外围环境逐渐回暖，但这一年也是中国电子竞技赛事、选手、俱乐部等负面事件全面暴露的一年。2008年，成都市第十一届运动会正式将电子竞技列为比赛项目。同年12月29日，国家体育总局整理合并现有体育项目，电子竞技被重新定义为我国第78号体育运动项目。

在转折探索阶段，多家知名的电子竞技俱乐部成立。中国电子竞技产业经历了媒体宣传推广上的跌宕起伏，传统媒体的缺位和新兴媒体的介入促使中国电子竞技产业寻求新的产业链条与商业模式：正规的、具有影响力的赛事逐渐成形，各大游戏公司纷纷参与其中，广告主与投资人渐渐关注到这个产业，多元化的合作也不断出现；电子竞技产业涌入了第一批从业者，这其中包括平台运营方、游戏研发方、媒体宣传方、赛事策划与筹办方、电子竞技职业选手等。随着互联网经济的兴起，对电子竞技的监管和审查变得相对宽松，但电子竞技有时还是面临"压制"与"扶持"的矛盾局面。

4. 厂商主导、回暖期（2009—2013年）

2009年，金山软件公司开发的《反恐行动》作为首款国产电竞游戏，成为2009年CEG的表演项目。同年11月，成都成功举行WCG 2009世界电子竞技大赛，这是全球顶级电竞赛事首次在中国举行。与此同时，由腾讯公司代理的网络游戏《穿越火线》和《地下城与勇士》正式入围WCG比赛项目。2010年1月在北京召开的全国电子竞技运动工作会议上，电子竞技冠军联赛（E-sports Champion League，ECL）获得官方的充分认可。同月，我国第一支专门针对电子竞技产业设立的公益基金正式揭幕，第一个电子竞技中心也在北京市石景山区建成。同年5月下旬，中国民航飞行学院、北京大学、清华大学等6所高校运用"四维"电子竞技平台开展有关航空专业知识和能力的对抗训练；7月27日，暴雪公司正式发行即时战略类游戏《星际争霸Ⅱ：自由之翼》。2011年9月22日，腾讯公司代理的由美国拳头游戏公司（Riot Games）研发的《英雄联盟》（LOL）正式上线，此款电竞游戏也成为2011年WCG正式比赛项目。2012年12月2日，WCG全球总决赛在江苏省昆山市国际会展中心落幕，中国队首次荣获该赛事冠军；当年，腾讯公司相继举办了穿越火线职业联赛（CFPL）、腾讯移动游戏（TGA）、LOL等一系列赛事，充分拓展自身在电子竞技领域的份额。2013年3月19日，国家体育总局决定组建一支17人的电子竞技国家队，出战同年在韩国举行的第四届亚洲室内与武道运动会。9月3日，网易公司推出了旗下首款对战网游，并投入3000万元开展支持中国电子竞技产业的"面包行动"。同年11月11日，由上海七煌信息科技、中国数码文化、华奥星空、中国联通、凤凰新媒体、小马奔腾影业及韩国CJ集团旗下的OGN电视台7家跨领域产业的代表企业组成的电子竞技战略联盟正式宣布成立，致力于共同做大中国电子竞技产业。

5. 成熟平稳期（2014年至今）

2014年2月，WCG组委会表示将不再组织赛事和活动，这项有着14年历史的国际电竞赛事走到了尽头。当月，银川市政府宣布主办WCA作为WCG的继承者，填补了相应的赛事空白。同年7月22日，在美国西雅图举行的第四届 *Dota 2* 国际邀请赛（TI 4）上，来自中国的Newbee战队夺得冠军，其获得的奖金也刷新了中国体育史上团队最高奖金纪录。10月2—5日，WCA总决赛在宁夏银川如期举行，《苍穹变》与《刀塔传奇》两款国产顶级游戏产品首次被引入国际赛事体系。

2017年4月17日，阿里体育宣布与亚洲奥林匹克理事会（Olympic Council of Asia，以下简称"亚奥理事会"）建立战略合作伙伴关系，将电子竞技加入2017年阿什哈巴德亚洲室内与武道运动会、2018年雅加达亚运会和2022年杭州亚运会。其中，电子竞技在2022年杭州亚运会上成为正式比赛项目。

2018年5月14日，亚奥理事会、亚洲电子体育联合会联合宣布，2018年雅加达亚运会的电子竞技表演项目有6个，分别是《英雄联盟》、《实况足球2018》、《炉石传说》、《星际争霸Ⅱ》、Arena of Valor（《王者荣耀》国际版）和《部落冲突：皇室战争》。（如图1-17）

图1-13 2018年雅加达亚运会电子竞技表演项目官方网站

图片来源：雅加达亚运会电子竞技表演项目官方网站。

总体而言，进入成熟发展阶段，中国电子竞技的"竞技表演"身份被绝对强化，围绕主要赛事、电竞明星等打造的电子竞技产业链在广度和深度上得到进一步拓展；电子竞技所涉及的产业形态更加多元化，电子竞技产业较高的媒体宣传价值、庞大的用户群体成为吸引赞助商与广告主的最大筹码；电子竞技产业领域毋庸置疑会产生处于市场主导地位的超级企业，而后进企业则面临极高的进入门槛；对电子竞技产业的监管则会一直延续，目前存在的文化系统、广电系统及体育系统多部门管理未来有望向统一治理转变。

二、电子竞技产业概述

（一）国外电子竞技产业的现状

最先发展电子竞技产业的国家要数法国、美国和韩国，世界上最早的两个职业电竞联盟分别是职业玩家联盟（Professional Gamers' League，

PGL）和职业电子竞技联盟（Cyberathlete Professional League，CPL）。

随着电子竞技运动的发展，各国政府和各大企业都看到了电子竞技产业所带来的经济效益，电子竞技产业的发展引起了各方的关注和重视。作为一个基于信息技术和计算机平台的运动项目，电脑硬件的更新换代对开展这项运动来说是必不可少的。各大计算机厂商为了提升产品形象和知名度，用赛事冠名等方式投资电子竞技运动。在欧美和韩国，电子竞技产业已经形成了一定的规模。

韩国是目前世界电子竞技大国之一，其产业年产值超过40亿美元，相关产业链的价值甚至超过了汽车产业。美国的电子游戏产业规模已经超过了电影业和唱片业，成为美国最大的娱乐产业。日本的电子游戏产业每年有2万亿日元的庞大市场，是全球游戏行业的翘楚。全球以电子竞技为核心的电子娱乐产业已经创造了巨额的产值。

韩国作为游戏产业最发达的国家之一，率先于2000年由韩国文化部、体育部和旅游部共同批准成立了韩国职业电子竞技协会，旨在巩固电子竞技作为一个合法的体育项目的发展。该协会每月发布一次玩家排名，排名基于近6个月各大赛事中的玩家战绩计算而得。最近举行的比赛权重较大，较远的比赛则权重较小。

WCG就是由韩国政府直接主导推动举办的赛事。这项始自2000年的世界电子竞技大赛，组委会由8个部门组成，包括执委会和名誉主席Roh Moo-Hyun（韩国总统）、副主席Lee-Chang Dong（韩国文化和旅游部部长）和Yun-Jong Yong（三星电子公司副社长兼执行总裁），足见韩国政府对该项竞赛之重视。正由于有政府部门的主导、政府和相关企业的密切配合，WCG才得以在短期内迅猛发展起来。

1. 良好的网络环境奠定了基础

网络环境是指网络资源与网络工具的组合，不仅指网络资源与网络工具发生作用的地点，还包括使用氛围、使用者的动机和状态、使用策略等非物理形态。电竞的发展离不开良好的网络环境。

韩国的游戏产业因为网吧的普及而发展起来，直到现在，韩国的游戏产业依然和网吧保持着密切的合作关系。目前，韩国的电子竞技项目基本上已经网络化，玩家主要是在网吧开展游戏比赛，游戏开发企业的收入也主要来自网吧，通常按照网吧电脑中安装游戏的计算机的IP数来收费。这为电子竞技的发展提供了良好的环境。

2. 高度发达的经济提供了坚实后盾

发达国家和发展中国家在产业上一个很大的差别就是，发达国家第三产业占国民经济的比重较大。已经不愁吃穿的民众为了寻求更丰富的精神生活，自然会将更多的钱投到第三产业中，而电竞的出现在很大程度上满足了喜欢新奇事物的群体的需求。

3. 各类媒体拓展了传播渠道

韩国以电竞为主要播出内容的游戏电视台和游戏频道最早出现于1999年。早期的 Game-Q、GhemTV，以及后起之秀 OnGameNet、MBCGame，都对电竞在韩国的发展起到了重要的作用。

（二）中国电子竞技产业的发展

暴雪公司与维尔福公司分别在1998年和1999年正式发行即时战略游戏《星际争霸：母巢之战》与第一人称射击游戏《反恐精英》，掀起了电子竞技游戏的第一股热潮。游戏厂商不断完善游戏内容，进行大量的市场推广与宣传。基于中国当时的互联网环境，信息流通与游戏联机对战服务并不稳定，当时电子竞技的概念在我国尚处于萌芽阶段，并未形成稳定的产业链，浩方对战平台刚刚开始正式运营。

随着2003年创立了 ESWC、CPL、CEG、SW 等比赛也相继登陆中国，中国电子竞技产业呈现一片火热景象。在2003年电子竞技被国家体育总局列为第99个正式体育项目之后，国家广电总局批准开办 GTV 游戏竞技频道；多家知名电子竞技俱乐部也在这期间正式成立，VS 对战平台正式开始运营。随着互联网媒体平台和全国数字电视的逐步普及和成熟，电子竞技的媒体价值迅速形成效应，吸引了越来越多广告主的投入。其中，硬件 IT 设备供应商、网络游戏运营商和快速消费品企业成为我国电子竞技产业最核心的广告主。随着电子竞技网游化逐渐成为趋势，整个行业在国家广电总局和体育部门的共同监管下稳步发展起来，一个良性循环资金链逐渐形成。电子竞技作为一项体育运动的概念在市场推广，网络游戏运营商和广告主运用概念吸引用户、刺激用户，进而创造用户和市场所接受的游戏产品。随着电子竞技概念的成功建立，电子竞技比赛作为竞技赛事，成为市场推广的合理手段。由此，一个在政府监管下，由游戏开发和运营商主导，具备高度媒体价值和宣传价值的产业链自然就形成了。

(三) 中国电子竞技产业链构成

中国电子竞技产业的产业链构成主要包括主导方、广告主、电竞俱乐部、赛事、媒体、电竞受众以及政府主管部门。（如图1-14）

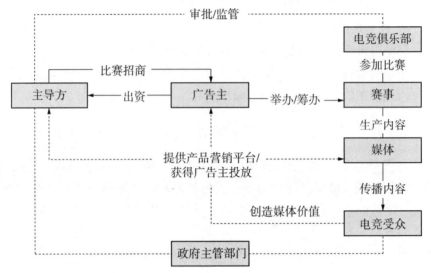

图1-14　中国电子竞技产业链的构成

图片来源：weibo.com/dianzijingji。

电子竞技主导方即在产业链中进行电子竞技赛事策划、主办或承办，以及从事电子竞技游戏相关研发与运营的企业、团体或协会，大多数为游戏厂商，也包括平台运营商、政府相关部门、媒体等。与电子竞技产业相关的各个行业都有依靠自身资源优势成为产业链主导方的可能。

我国电子竞技产业的广告主涉及面广，其中，游戏厂商（如盛大、网易）、IT硬件设备供应商（如戴尔、雷蛇）与各类快速消费品企业（如可口可乐）是核心部分。

随着国家政策的明朗化，在相关监管部门体系的监管下，正规的电子竞技职业俱乐部有了专属的中国电子竞技行业协会，具备了电子竞技品牌价值和营销价值，可为电子竞技赛事提供更多优秀的内容。

电子竞技相关媒体包括在线视频媒体、国家数字电视台（IPTV、东方有线）、游戏资讯门户网站、电子竞技垂直网站及综合门户网站的游戏频道等。在电子竞技的相关产业链中，媒体通过转播和报道电子竞技赛事活动与游戏产品相关信息，获取用户关注，以此获得相应的媒体价值去吸引广告主，并为用户提供增值服务。目前，媒体职能越来越丰富，除了进行相关的传播服务，也会主办或承办比赛。如上海文广互动电视有限公司SITV（隶属于上海文广新闻传媒集团，从事数字电视、视频点播及互动电视业务的经营实体，是中国目前规模最大的有线数字付费频道集成运营平台、数字电视频道运营商及多媒体内容提供商和服务商）。

电竞受众包括电子竞技游戏玩家与电子竞技游戏爱好者。赛事、电子竞技受众、媒体、赞助商是一个完整的电子竞技产业链中最重要的部分，他们密切关联，互相促进，共同发展。软硬件制造商保证了赞助投资，形式丰富的游戏内容和明星运动员能吸引观众收看，收视率得到保证，媒体也愿意报道；媒体曝光率有了保证，厂商就更愿意赞助。此外，产品开发相关的赛事、明星运动员的活动规划更大程度上对电子竞技的快速发展起到了重要的作用。

中国政府对网络游戏行业的监督管理采用法律约束、行政管理和行业自律相结合的模式，电子竞技行业的行政主管部门是工业和信息化部、文化和旅游部、国家新闻出版署和国家版权局。

1. 主导方：游戏生产商、赛事运营商与平台提供商

主导方是指在电子竞技产业发展中占据支配地位、发挥主导影响的个人或组织。结合中国电子竞技产业发展的实际情况，主要是指产业链中进行电子竞技游戏研发，开展电子竞技赛事策划、主办、运营的各类企业、团体、专门协会，这其中既有游戏生产商、赛事运营商，也有平台提供商、行业性中介组织等。有必要指出，这里说的"赛事"范围宽泛，不只包括大规模、组织严密的比赛活动，还包括小型的，甚至是电子竞技游戏中的"路人局"比赛；而这些主体之间的分工与角色也不是一成不变的，身兼数职的现象很多时候都会发生。可以说，这些承担核心功能的主体是电子竞技产业中最为重要的部分，它们是整个产业链的发端，统筹产业格局的分布，塑造产业盈利的模式，决定产业未来的走向。

（1）游戏生产商。毫无疑问，有了电子竞技游戏，才会产生电子竞技产业。游戏生产商最初的功能定位就是给广大玩家提供"可用好玩"的游戏，因而是电子竞技产业的源头，也是整个产业链的发起人。游戏生产商或游戏制作公司按照一套创作理念构思开发一款游戏，确定游戏规则，选择视觉艺术、声效、编剧，设置游戏角色、场景、界面，书写程序编码，继而实现游戏的产品化。游戏生产商是否成功，取决于其能否生产优秀的游戏作品。一个好的经典游戏作品就可以代表一个游戏生产商，而优秀的游戏生产商也是游戏作品质量和水准的保证。目前，在中国电子竞技赛事上使用频繁、影响广泛的电竞类游戏主要来自国外游戏厂商，本土的游戏厂商角色多为代理运营。即使已有一些国产电竞游戏亮相，其大赛使用次数、受众参与人数、游戏影响力等也不足以与国外游戏相抗衡。

（2）赛事运营商。赛事运营商在电子竞技产业中扮演着不可替代的资源整合利用角色，其将赛事所涉及的人力、财力、物力、信息等资源优化管理，进而将输入的电竞赛事要素转化成符合预期的电竞赛事产品输出。

电子竞技产业具有典型的活动产业特性，即要通过设计多样的活动来吸引更多参与者加入并为之消费，其中典型的活动就是各类电子竞技赛事的举办与运营。早期的电子竞技赛事是从模仿其他已有的体育赛事开始的，举办的时间和场地随意性较强，参加的人员也不固定，多数赛事未形成稳定的模式，甚至一些赛事举办过一次后就彻底停办。随着电子竞技产业整体发展势头的上扬，电竞赛事愈发活跃起来：一些已有的大型电竞赛事不断更新其比赛项目，优化其赛制与流程，积极拓展赛事的覆盖面，努力塑造品牌性赛事；一些新办的电竞赛事，尤其是专业性赛事的接连出现，使得电竞赛事的类型和层次进一步丰富，当然，这些新赛事的独特定位与新颖模式也收到了较好的市场效果。与游戏生产商类似，著名的赛事运营商也必然与优秀的电子竞技赛事结合在一起。

（3）平台提供商。中国电子竞技游戏平台在电子竞技产业的整体格局中连接着游戏生产商与游戏用户两端，发挥着重要的桥梁作用，同时对电子竞技产业发展起着基础性的支撑和保障作用。电子竞技有着体育竞技的属性，但与传统体育又有着较大的区别，其中一个明显的特点就是电子竞技拥有线上比赛的形式。

电子竞技游戏平台也称"游戏对战平台"，是指通过互联网提供给游戏用户多人联机服务，使得游戏玩家能够较为顺利地开展各项游戏对战活动，而这样的平台相当于构建了成千上万个专门的局域网。游戏对战平台借助网络协议转换等技术，让互不相识、远隔千里的游戏玩家在互联网上暂时聚集。当然，各类游戏对战平台在中国的相继出现，主要源于绝大多数电子竞技游戏都没有自建的足够稳定和运行流畅的战网平台，而对战平台的产生正好填补了这一市场空白，满足了游戏用户的现实需要。就角色分工而言，游戏生产商是内容提供者，游戏对战平台则是服务提供者。就发展历程而言，游戏对战平台所提供的服务不仅使竞技游戏品类从单一走向多元，还增加并强化了平台的社交功能，丰富了用户体验。

2. 主管方：政府部门

中国电子竞技产业的健康发展需要有效、有力的政府监管。政府在电竞产业发展过程中通过法律法规约束、行政管理、支持行业协会等方式来开展产业管理，保证产业市场的有序和促进产业效率的提升。

就监管主体而言，中国电子竞技产业的行政主管部门主要是中宣部、文化和旅游部、国家体育总局、国家广播电视总局、工业和信息化部、国家版权局，此外，还有教育部与共青团中央，以及一些半民间半官方的协会组织。具体来说，在国外电子竞技游戏项目的引进中，国家广播电视总局有内容审查的权力与职责；在国产电子竞技游戏项目的研发、宣传及推广中，中宣部有内容意识形态审查的权力和职责，国家版权局有游戏知识产权审查的权力和职责；在电子竞技游戏 PC 软件、手机软件开发中，工业和信息化部有监管审查的权力与职责，中国移动、中国联通、中国电信等信息产业部门同样有电子竞技游戏网络运行服务的监管职能；在电子竞技游戏产业健康发展方面，涉及文化和旅游部的监管与引导；在电子竞技游戏校园推广与学生教育方面，涉及教育部的监管与引导；在电子竞技游戏与青少年发展方面，涉及共青团中央的监管与引导；在电子竞技赛事举办方面，则由文化和旅游部、国家体育总局、工业和信息化部共同监管与推动；另外，还有一些专门的社会团体或行业协会参与电子竞技游戏产业的推动与监管工作，如中国出版工作者协会游戏工作委员会、中国软件行业协会游戏软件分会、中国互联网协会、中华全国体育总会等。

3. 参与方：选手与用户

电子竞技如此巨大的魅力，主要源于人与人之间的虚拟对抗。玩电子竞技游戏的人往往被称为"游戏玩家"。根据游戏玩家水平的高低及职业化程度的深浅，可将游戏玩家分为职业游戏玩家和普通游戏玩家。其中，职业游戏玩家可称作"游戏选手"，普通游戏玩家可称作"游戏用户"。

职业游戏玩家通常都是从普通游戏玩家发展而来的。他们经过长期大量艰苦的训练，使自己的游戏水平达到比赛竞技的程度并保持良好的竞技状态。同时，选手竞技水平的提升还有赖于参加各类比赛的实践。电子竞技比赛对人的反应力、判断力及体能都有较高的要求，电子竞技选手的黄金年龄一般是18～24岁，超过24岁就被认为是高龄选手，很难再出优异成绩，因此多数高龄选手会选择退役。据2009年的统计数据，当时我国有电子竞技俱乐部64个、职业俱乐部5个，注册运动员1200多人，其中，职业运动员近60人。电子竞技选手的生存状况因人而异，不同选手之间的差距简直称得上是天壤之别。处于"金字塔"顶端的电竞选手（现今全国仅100人左右）享有万元甚至更高的固定月薪，同时获得众多赛事的奖金，可谓待遇丰厚、名利双收。如2009年 *Dota 2* 年度最佳选手陈智豪是当时世界上收入较高的 *Dota 2* 玩家，参加各项比赛所获奖金总额已达680万元。而大量电竞选手生活十分拮据，多数人每月收入仅为1000～2500元，甚至毫无职业收入。

普通游戏玩家，即电子竞技用户或电子竞技爱好者在中国已经发展成为一个庞大的群体。据艾瑞咨询的相关研究，2009年，我国电子竞技用户数达到5924.7万；而到2012年，电子竞技用户数超过1亿。其中，电子竞技用户性别比例悬殊，男性用户占97.6%，女性用户仅为2.4%。这主要是因为电子竞技游戏强调高对抗性，对男性用户更具吸引力。电子竞技用户的年龄特征十分显著，18岁以下用户为6%，18～24岁的用户达61.8%，25～30岁的用户为24.1%，30岁以上的用户则极少。由此可见，电子竞技确实可以贴上"年轻化运动"的标签，其技术掌握和游戏操作还是适合年轻用户。从电子竞技用户群体的职业状况来看，学生占43.9%，固定职业者占40.5%，自由职业者占11.3%。这说明从事电子竞技游戏一般要有相对稳定的工作和生活时间。另外，从电子竞技用户学历构成情况来看，高职为22.8%，大学本科为49.9%，硕士为3%，博士为1.2%，高职以下为23.1%。这说明高职以上的拥有较高学历的人群是电子竞技用户中最具规模和最核心的群体。

4. 支持方：赞助商与媒体

（1）赞助商。赞助商是电子竞技产业中的支持方，是整个产业体系中不可或缺的部分，扮演着十分重要的角色。与常见的体育赞助类似，电子竞技的赞助商（主要是企业）为了实现自身的发展运营目标，促进社会形象的推广，为电子竞技的赛事、俱乐部或选手提供支持，形式一般为经费、实物或相关服务；而作为对赞助商的回报，赞助商可享有与赞助对象相关的冠名权、标志使用权、特许经营权等权利，或者直接让赞助对象为赞助商进行各类商业宣传。

参与电子竞技的赞助商类别多样、层次不同，大致可归纳为4类。第一类是国内外知名电子硬件生产商，如联想、三星、索尼、英特尔、世嘉、华硕、冠捷等。第二类是国内外知名电子软件商，可视为参与电子竞技的新兴势力，如IBM、微软、奇虎360、瑞星、金山、腾讯等。这两类赞助商本身与电子竞技活动关系密切，因而参与赞助电子竞技的意愿也较为强烈。他们赞助电子竞技除为了推广营销其最新的电子产品，还为了提升其品牌知名度，培养未来具有购买潜力的消费者，传达企业文化，招揽所需各类人才。第三类是快速消费品运营商，如百事可乐、可口可乐、娃哈哈、宝洁、百胜等。这类赞助商往往注重电子竞技所代表的"时尚""年轻""数码"等文化符号与其企业文化理念的内在一致性，通过赞助电子竞技活动来拉近与目标消费群体的心理距离。第四类是社会电子娱乐消费运营商，主体为各类网吧、游戏厅、娱乐会所等。

结合主要赞助商的类别，不难发现，前三类赞助商的赞助行为为电子竞技产业整体形象的提升做出了积极的贡献，使电子竞技产业赢得了更多的社会认可。而第四类赞助商的赞助行为对电子竞技产业而言，的确是一把双刃剑。它们在为电子竞技产业发展提供硬件、场所、相关服务及部分资金的同时，也使电子竞技陷入不利的舆论局面，因为这些主体本身社会认可度较低，甚至被认为是社会负面事物的典型代表。赛事赞助是电子竞技产业中的热门，也是电子竞技俱乐部或选手最主要的收益来源。这一方面反映了赞助商与赛事运营商的合作关系，另一方面也展现了两者之间的博弈：赞助商希望自己的权益能够尽可能多地体现，而赛事运营商则思考如何更完美地举办自己的比赛。

当然，传统意义上的赞助商与赛事运营商之间的关系也正发生着微妙的变化。各类参与支持电子竞技的企业不再只是单纯的赞助商，而是与赛事运营商成为合作伙伴，共同推动基于电子竞技产业的各类商品的行销。

（2）媒体。作为传播信息的媒介，媒体在电子竞技产业发展中发挥着至关重要的作用。电子竞技活动与传播媒体之间存在相辅相成的关系：一方面，电子竞技相关活动，尤其电子竞技赛事的举办可作为很好的信息源，电竞比赛时间、地点、参与人员及场面情况等都是媒体内容的重要来源，是相关媒体吸引受众、获得市场回报的重要支撑；另一方面，电子竞技产业的发展离不开一定的社会关注度，需要积攒人气，增强用户黏性，媒体无疑是达成此目标的最佳选择，电子竞技的推广离不开相关媒体的支持。

三、电子竞技运动的概念与特征

1. 电子竞技运动的概念

电子竞技概念的研究涉及多方面的理论问题，但这些都不应是空洞、抽象的，而应该能够提供不同的路径，实现电子竞技概念的可认知性。目前对电子竞技的概念存在多种多样的认识和理解，尚未形成统一的普遍可接受的观点。仔细梳理不同说法的来源与脉络，主要表现如下。

电子竞技，是指电子竞技运动，其对应的英文是 Electronic Sports (E-sports)。2003 年 11 月 18 日，在中国数字体育互动平台启动仪式上，中华全国体育总会副主席、中国奥委会副主席、国家体育总局新闻发言人何慧娴宣布，国家体育总局已经正式批准，将电子竞技运动列为第 99 个体育项目。[①] 同时，将电子竞技运动定义为以信息技术为核心、以软硬件设备为媒介，在信息技术营造的虚拟环境中、在体育竞赛规则下进行的对抗性益智电子游戏运动。在肯定和认同的基础上，指出电子竞技运动作为一项体育运动，与其他开展的体育运动项目一样，可以锻炼和提高参与者的思维能力、反应能力、协调能力、意志力和团队精神，以及对现代信息技术社会的适应能力，促进人的全面发展和提升。这被认为是"电子竞技体育运动说"的开端，因为在此之前，不论业界还是学术界，都未曾对其体育运动的属性加以明确。

认同电子竞技属于体育运动的学者，其观察主要落实于两个基本的元素，一个是电子，另一个是竞技。"电子"是方式和手段，规定了这项体育运动的实施范围和开展条件。这与篮球比赛需要篮球馆、足球比赛依赖足球场、射击比赛依托枪支、赛车比赛离不开汽车等一样，是体育运动正常进行的要件。"竞技"是竞赛、比赛，强调了这是一项人与人之间的对抗，这也是现代体育比赛最基本的特征。但也有学者提出了异议：在运动载体方面，竞技运动发生在现实世界，电子竞技发生在虚拟世界；在运动

[①] 2008 年，国家体育总局对我国现有的体育项目进行调整，电子竞技被重新定义为第 78 号体育运动项目。

时间方面，竞技运动有着明显的时效性，而电子竞技则相对随意；更重要的是，竞技运动强调身体技能层面的对抗，电子竞技更倾向于科学技术层面的对抗，而技能与技术两者有着本质的区别。

2. 电子竞技运动的特征

特征，是一事物区别于其他事物的显著特点。电子竞技是否具备一些基本特征，使其形成独特稳定的标记，从而支撑将其作为新生事物的立论？答案是肯定的。一般来说，电子竞技主要有以下几个特征。

（1）文化性。一方面，电子竞技游戏的文本一般都采用故事化的表达方式，多数以重要历史事件（如著名战争、王朝更替历程和格局呈现等）、神话传说、民间故事、科学幻想等作为游戏的论述背景。这些都是以一定的文化资源为依托，进行内容的重组与形式的编排，在技术文化上进行"情景再现"，从而让参与电子竞技的人产生较为直观的文化体验。另一方面，电子竞技线上平台承担各类竞技性的游戏比赛，传达出益智健康、竞争合作、奋发向上、和谐相处的电子文化精神；阐述了技术革新环境下的游戏新理念与新主张，与当下青年群体的"乐活"理念高度一致，符合时尚的潮流；电子竞技的传播内容和传播渠道，通过多样设置，可促进不同人群之间的交流沟通，电子竞技也成为人与人交往的一种新媒介；电子竞技的文化性还体现在对参与主体的人格塑造上，参与主体在游戏竞技中通过"自我努力、与人合作"的路径来实现个人价值。

（2）虚拟性。虚拟是人们依据自己的想象而编造出的事物或想法，在客观的现实世界中并不一定存在。电子竞技游戏是电子游戏的一种，继承了电子游戏构建虚拟社会这一重要的属性，因而参与者所观察到的高山、峡谷、河流、丛林、风雨雷电，以及房屋、学校、城池、战车、宝剑等都是虚拟的。从技术角度而言，电子竞技的种种事物以现实社会为原型，以电脑等电子设备为窗口，添加许多现实生活中难以达到或远超现实的元素，充满对未知世界或未来社会的憧憬与想象，而正是这些虚拟且丰富的元素，让电子竞技的可玩性大大增强，给人们带来了不一样的娱乐感受。

同时，电子竞技游戏中不仅客体是虚拟的，而且处于动态对抗中的主体也有虚拟化的特征。操作键盘、鼠标、按钮的实体人不是直接置身于各类征战中，而是要创建一个虚拟身份，借助于一个虚拟化的具象来实现其主观意志和布局谋略，"仗剑走天涯""高难度跳跃飞翔""魔力施法""购买物品"等都是通过虚拟人物来进行的，而合作或竞争的玩家究竟是何种性别、多大年龄、何种职业都是不得而知的。

（3）大众性。社会分化分层中有精英文化和大众文化之别，电子竞技文化无疑属于大众文化的范畴。电子竞技游戏内容丰富、形式新颖，且在信息化大发展的时代，其对所需要的软件和硬件的要求也不高，具备社会流行、规模推广的优势。电子竞技可作为大众性娱乐项目的主要原因，一是电子竞技对参与者的身体素质要求并不苛刻，不像篮球、足球、田径等传统竞技项目，需要参与者具备某一方面的身体素质或技术特长。年龄和性别等指标在电子竞技中并不是影响明显的限制性因素，智力性对抗是其主要活动方式，因而在理论意义上，小孩和老人完全可以同台竞技。二是电子竞技不受场地、天气、环境等条件的限制，是典型的室内运动，对设备配置的要求也只是电脑及其关联器材。另外，随着开发技术的成熟，各类游戏应用软件品类越来越繁多，情节和画面能够充分考虑到各类人群的多样化需求。基于以上便利性，电子竞技在普通人群，尤其在青少年群体中广受欢迎，普及度很高。

（4）竞技性。所谓竞技，就是进行技艺比赛。电子竞技的兴起与游戏职业化的趋势有着密切联系。电子竞技包含两大元素——电子和竞技，其中，竞技性是电子竞技游戏与其他类型电子游戏区分开来的重要标志。起初，电子游戏的重点在于游戏本身，而随着游戏技艺的不断成熟，游戏爱好者的交流兴趣逐渐转向竞技层面，一局（场）游戏的胜负结果成为更为重要的衡量标准，游戏以比赛的新形式进行。

电子竞技比赛中的职业玩家可以被视为运动员，因为相较于业余玩家，这些职业玩家以此为工作和职业，并且通过大量艰苦繁重的训练来提升自己的竞技水平，甚至以比赛获得的奖金来谋生。电子竞技的竞技性还在于有一套强制性的竞赛规则，对比赛内容、比赛方式、比赛时间、参与人数、胜负判定等都做出了明确的规定，凡是加入其中的人员都必须严格遵守。在这样竞赛的环境下，电子竞技展现出了公平、公正、公开的特质。

3. 电子竞技运动的分类

关于电子竞技的分类，是依据共性与个性对立统一的原则紧紧围绕电子竞技中所传达的娱乐性与体育性，通过子类别的确立来反映出电子竞技的不同属级。

人们按照组织化的游戏运动与非组织化的游戏运动互异的标准，来统筹进行电子竞技的分类。就分类的科学性和实用性而言，电子竞技主要有下两种分类方式。

一类是将电子竞技分为虚拟化的电子竞技和虚构化的电子竞技。所谓虚拟化的电子竞技，是指具体的电子竞技项目产生之前，该项目内容就已经在现实生活中以一定的形式或多或少地存在。此类型的电子竞技借助数字信息技术、网络技术等来开展项目的虚拟化，如《实况足球》、NBA Live、《桌球大师》等游戏项目。所谓虚构化的电子竞技，是指具体的电子竞技项目产生之前，该项目内容在现实生活中并没有直接对应的事物或参照物，因而是现实中不可能真实存在的竞技项目。此类型的电子竞技是完全依托于当代各种先进的信息制作技术虚构出来的，如《反恐精英》《魔兽争霸Ⅲ》《星际争霸》等游戏项目。电子竞技的竞技能力主要体现在技能和智能两方面，而基于这两者的要求配比，虚拟化的电子竞技项目可进一步分为技能类项目、智能类项目和技能智能结合类项目。虚构化的电子竞技项目可进一步分为技能类项目、技能智能结合类项目。技能类项目主要强调玩家或运动员具有快速的反应能力、熟练操控鼠标和键盘的能力及高超的手脑配合能力。智能类项目主要强调玩家或运动员具备复杂的战略战术思维、灵活的应变能力及对宏观全局的把控能力。技能智能结合类项目则对上述能力都具有较高的要求。

从以上分类可看出，电子竞技虽几乎没有传统的纯体能类项目，但其魅力就在于能将技能类与智能类项目通过新兴的信息化途径充分展示，从而让体育运动和游戏娱乐进入一个崭新的阶段。

另一类是将电子竞技分为对战类电子竞技和休闲类电子竞技。这样的分类或项目设置一般要遵循4个原则：一是符合竞技体育运动的一般规律，二是匹配信息技术发展的特征，三是与国际惯例和主流接轨，四是具有中国特色和文化符号。对战类电子竞技项目也可称作经典电子竞技项目，根据游戏项目自身特点，又可进一步分为第一人称射击类游戏、格斗技术类游戏、即时战略类游戏、体育类游戏。

第一人称射击类游戏（First-Person Shooting Game，FPS）与以往的射击类游戏不同，其基本形态是以游戏参与者的主观视角作为游戏视角。游戏参与者不是宏观地控制虚拟角色开展游戏，而是以一种身临其境的方式来立体感受游戏带来的丰富体验，因而十分注重竞技过程中的画面感、"真实场景"的刺激性和紧张感。此类型的电子竞技游戏代表有《雷神之锤》、《半条命》(Half-Life)、《反恐精英》、《穿越火线》(Cross Fire)等。

格斗技术类游戏（Fight Technology Game，FTG）属于动作游戏的范畴，其基本形态是游戏参与者通过操纵游戏中的角色，运用多种技巧来击败对手。这种竞技游戏主要用于大型电玩（街机），其现实来源是人们熟知的武术和搏击。格斗技术类游戏历经了2D的平面卷轴式形态和3D的空间移动形态，游戏视角也从固定走向了多元，但其中的"二段跳跃""大跳"及"大招和必杀技"等一直被视为标志性元素传承下来。此类型的电子竞技游戏代表有《拳皇》(KOF)、《街头霸王》(Street Fighter)等。

即时战略类游戏（Real-Time Strategy Game，RTS）是即时进行的游戏，而不是传统的回合制策略游戏，既有微观的鼠标操作，又有宏观的"调兵遣将"，因而是一种充分运用计算机互动技术的游戏，最后基于一个明确的逻辑进行胜负的判别。其中，黄金、木材、矿产等资源，山地平原、昼夜、风雨雷电等地形气候，人员物资补给，以及单个角色的操作等是即时战略类游戏的标准要件。此类型的电子竞技游戏代表有《星际争霸》、《魔兽争霸》、《远古遗迹守卫》(Dota)、《英雄联盟》等。

体育类游戏（Sports Game）是指通过电子竞技方式参与具体体育运动项目的各类游戏，其中多数内容以知名度较高的体育赛事为游戏蓝本，一般具有高度仿真性，游戏中的环节安排、术语运用、规则设置等都与现实专业体育运动相同或相似，因而属于易上手的电竞。此类型的电子竞技游戏代表有FIFA 2014、NBA Live 2008、《极品赛车》等。

休闲类电子竞技主要是传统体育项目和民间娱乐项目的电子化、数字化和游戏化，其竞技性更多地体现在智力对抗方面。此类电子竞技游戏代表有网络上的中国象棋、围棋、斗地主、四人麻将、升级等。

总体来说，对抗类电子竞技节奏较快、竞演效果强，是目前各大电子竞技比赛的主流选择，基本上代表了电子竞技产业化发展的方向；休闲类电子竞技虽竞技性稍逊，但由于其有较为广泛的群众基础，且可进入性较强，有着与传统文化、民间文化的天然联系，所以也成为电子竞技产业发展中不可或缺的重要组成部分。

四、当代电子竞技运动趋势分析

1. 当代电子竞技运动的理念

传统体育运动和电子竞技运动其实并没有太大的区别。作为一个高尔夫球迷，会想知道全世界最强的高尔夫球手是谁；作为一个电子游戏的玩家，也会想知道全世界最强的电子游戏玩家是谁。全球有超过23亿玩家玩电子游戏，这是一个很庞大的用户群，这个庞大的用户群自然而然想知道全世界最强的电子游戏玩家到底是谁。这不仅是一个习惯、一个爱好，更是一种自我定位。

与传统体育一样，电子竞技运动对选手的要求也很高，对抗性也非常强，也是竞争非常激烈的运动，但是两者对选手的心理素质、身体素质可能会有不同的要求。电子竞技的运动员需要有非常强的注意力、非常快的反应速度。对电竞运动员的训练必须有一整套科学的方法，帮助他们训练，以达到更高的竞技水平。电子竞技运动员应当有专业的身体训练师、运动心理学专家帮助他们提高竞技状态，有专门的营养师、专门的营养大厨帮助他们调理身体。因此，电子竞技运动虽然在一些细节上和传统体育运动不太一样，但从训练方法和对抗的激烈程度来看，两者有一些相似之处。

在电子竞技比赛中，选手既要拼体力，如选手的身体反应、手速十分重要；也要拼脑力，要成为一名非常成功的顶尖电子竞技选手，不仅需要非常敏捷的思维、非常快的大脑反应速度，团队协作能力也非常重要。如团队协作游戏《守望先锋》，团队协作能力和交流能力沟通决定了队伍的竞技水平及高度。

2. 职业电竞的商业价值走向

电子竞技顶级联赛的收入来源其实与传统体育赛事是非常接近的。从本质上说，它们都是通过提供内容来吸引观众，通过眼球经济来进行商业开发。如可以通过媒体版权的方式，以及通过赞助商、贩卖周边商品、授权商品或门票收入的方式来变现。

在欧美，可以与数字直播平台合作，出售媒体版权给这些平台。在中国，也可与一些媒体的合作商、一些本地直播平台，如网易CC、战旗、熊猫直播平台进行媒体版权上的合作。此外，还有惠普、英特尔、丰田、

T-Mobile 这样一些全球最顶尖的品牌加入。

电子竞技还有独有的商业开发和创造收入的机会，主要体现在虚拟商品上。如通过网络买到上海龙之队选手的衣服，这与其他体育是一样的；与此同时，也可以在《守望先锋》游戏中买到上海龙之队选手进行游戏时所操作角色的一整套队服。这些也可以为联盟创造额外的收入。

3. 中国电竞实情分析

在中国，舆论通常会认为玩游戏是不务正业，电竞爱好者如果无法成为职业选手，将毫无前途可言，即使成为选手，其前景也不乐观。然而，仍然有很多人希望成为职业选手。他们认为，游戏玩得好，可以挣很多钱，还会有很多粉丝，名利双收。

事实上，电竞运动与玩游戏既有区别又有联系。通常认为的网络游戏又称"在线游戏"，简称"网游"，是指以互联网为媒介，借助游戏运营服务器和用户计算机等处理终端，实现多人同时在线的电子游戏。网络游戏是网络文化产业的重要组成部分，也是遭受非议最多的产业之一。网络游戏的内涵也有广义与狭义之分。广义层面，按照分类原则，网络游戏与单机游戏相对应。就字面意思而言，凡是以互联网为依托的游戏皆可称作"网络游戏"。源于互联网的广泛应用，网络游戏包罗万象，包括社区类网络游戏和竞技类网络游戏。狭义层面的网络游戏，是指社区类网络游戏，指以群体社会生活（包括生活、生产、战争、交易、交往等）为主题的网络游戏。

尽管理论上社区网络游戏可在局域网上实现，但出于运营操作的需要，现在几乎所有的社区网络游戏都只由互联网提供。电子竞技与网络游戏的本源都是电子游戏，并依托信息技术的发展逐渐壮大起来。两者本是同根生，只是后来各自依据不同的特点，顺着不同的方向走上了不同的发展道路。

在这里，将电子竞技游戏与网络游戏相提并论，就是认定了网络游戏与社区类网络游戏等同的狭义理解范围（这也是现今多数学者所采用的网络游戏概念），并通过辨析两者之间的关系来进一步勾勒电子竞技游戏的发展运营模式。

中华全国体育总会原副主席何慧娴认为，"电子竞技是从网络游戏中脱颖而出的阳光游戏，它是按体育精神、体育规则在网络的虚拟世界里进行的一项体育运动"。电子竞技与网络游戏的不同之处主要表现在以下几个方面。

（1）组织方式不同。电子竞技一般以竞技游戏软件为基础，开展一系列有组织的比赛活动，尤其是规模较大的电子竞技赛事，其涉及的人力、物力、财力，以及管理等程序和事项是相当复杂的，远不只是竞技游戏本身；一般来说，网络游戏是不需要事先组织的娱乐活动，而且往往是个人的自主决策行为，具有很大的随意性，只要游戏运行条件具备，想玩就随时能玩。

（2）规则不同。电子竞技与传统的体育比赛项目类似，有着较为明确的竞赛规则，而且这些规则在比赛过程中具有强制执行力，一般不因选手、时间、场地等的改变而改变；网络游戏中并没有所谓的现实规则依据，游戏的关卡和游戏的奥秘往往由游戏设计者事先设定和掌握，进入游戏的玩家只是按照"打怪升级、更新装备"的模式来完成一项项游戏任务，不同的游戏玩家不受客观的规则限制与约束。

（3）参与方式不同。电子竞技一般有线上参与和线下参与两种方式，平时，玩家或选手可以通过各类网上竞技平台开展技艺、战术、操作等比拼，等到各种大型比赛时，则一般采取在线下的电子竞技场馆现场对战的形式进行，因而对互联网和局域网并没有严格的条件区分，且实体性的电子竞技综合性场馆对电子竞技而言更具有非同寻常的意义。伴随着电子竞技比赛中现场直播形式和技术的成熟，电子竞技有了表演艺术的倾向与特质。网络游戏则不然，需要互联网服务器与客户端的协同才能促成一项游戏的顺利完成。离开互联网，玩家就不能正常登录游戏的操作界面，也无法实施后续操作。由此可以看出，参与网络游戏的渠道固定且单一，难以形成丰富的感官享受。

（4）评价标准不同。电子竞技通过对抗性的比赛，经历一段时间之后，运行了一定的程序，产生了公平的绝对胜负结果，竞技双方就有了进行比较的合理依据。同时，整个竞技过程会有专人（一般是裁判）进行公正的监督执法，基于可定量、可重复及精确比较的特征，电子竞技的评价结果客观可信。而玩家或选手引以为傲的就是以自己高超的技术和战术来打败对方，赢得胜利，这也是电子竞技的独特魅力所在。网络游戏本质上不存在胜负之分，只追求快感式的角色扮演和模拟，"一以贯之"和"无尽浸入"，强调从游戏开始就全身心地投入，通过时间的累积或金钱的投入来获得结果，因此只是游戏玩家个人的所谓提升，无法产生绝对的"我赢你输"的局面。从这个层面而言，没有必要对个人的网络游戏行为做出客观衡量。

（5）盈利方式不同。整体观摩电子竞技的商业化进程，其尚处于起步阶段，虽然已经有了一些规模化、成系统的比赛，但在赛事品牌、产品开发、服务拓展营销、产业上下游链条构建等诸多关键环节仍"内力空虚"，即使有着十多年"摸着石头过河"的经验，却始终处于探索时期，这也成为电子竞技独立化生存中不可回避的问题。或许类似足球、篮球的职业化与商业化不失为可选择的路径。网络游戏在中国起步较早，已经拥有较为广大的用户群体，且经过众多关联商家多年的耕耘，形成了规模巨大的市场，商业模式与产业链条都具备清晰成熟的脉络，类似游戏时间点卡、游戏道具、个人定额制与定量制、网吧运营分成等模式已经实行很长时间。这些基本构建起了网络游戏商业化与产业化的框架与格局，网络游戏的娱乐性因此更加突出，盈利方式会与传媒影视、音乐等板块实现互鉴和融合，走上娱乐产业发展之路。

（6）社会影响不同。电子竞技由于其与信息产业存在天然的联系，在电子竞技过程中，对计算机熟练操作习惯的形成、对信息技术和计算机学习兴趣的培养，尤其在提升青少年对信息社会的适应能力和促进其德智体美全面发展等方面都具有正面的影响。电子竞技比赛和娱乐构成的社区交际网络有利于良好社会人际关系的形成，再配合电子竞技得到官方认可的"体育竞技身份"，电子竞技完全可以以积极向上的姿态出现在世人面前，赢得应有的理解与尊重。网络游戏尽管产值巨大（2014年网络游戏产值是电影票房的两倍多），但在社会层面仍面临着进退维谷的两难局面，产业驱动下的网络游戏必然要朝着更强大、更广域的路线延伸，显示出更大的商业张力，然而一旦涉及社会舆论、青少年教育、虚幻人际交流、网络暴力犯罪等社会问题时，网络游戏又会处于极为被动的境地。

上面对电子竞技与网络游戏两者之间的联系和区别做出一个较为详细和完整的梳理，仅是学术上的探讨和辨析，即为了说明事物的本质与特征而开展的一种学术话语阐释。然而，在产业实践操作层面，尤其是对游戏界的业内人员而言，大多数时候对网络游戏与电子竞技做出严格区分并没有太大的必要。腾讯游戏公司《英雄联盟》的项目负责人Jim曾在公开场合说："我们认为所有的竞技本身包含着同样乐趣，而不必区分是网游竞技还是传统的电子竞技，刻意将二者区分开来是不太合适的。"近年来，网络游戏呈现出一种电竞化的趋势，这势必使得已形成的评判体系出现整合或更新，为多元化的融合提供新的契机。

目前，国内很多游戏厂商和企业都有非常专业的架构和非常专业的队伍。这些厂商和企业很多来自传统体育行业，能够帮助选手建立正确的职业生涯价值观，为他们在未来的整个职业生涯中创造更好的发展机会。当然，就像从事任何一种体育运动一样，这也是有一定风险的。体育运动的任何一个项目都只有极少顶尖的选手可以站上顶级的竞技场。目前，绝大部分选手如《守望先锋》联赛的选手都是非常全能的选手。他们非常聪明，非常重视团队协作，而且他们在学校的学习成绩也都非常好。另外一个例证是，现在在北美也有一个大学联赛，有超过 2/3 的参与选手来自 STEM 的专业。STEM 就是科学、工程、技术、数学，是非常传统的理工类专业，一般被认为对智力有很高要求。总而言之，要想成为最顶尖的电子竞技选手，在各方面都要非常优秀。

五、电子竞技运动与奥林匹克精神

1. 奥林匹克精神概述

奥林匹克精神是在奥林匹克运动实践中符合奥林匹克主义的表现在精神层面上的种种理念概括，是奥林匹克运动的精髓。《奥林匹克宪章》指出，奥林匹克精神就是"以友谊、团结和公平精神互相了解"。这是人们对奥林匹克运动的内容实质的认识，代表了人们对奥林匹克运动的理想、追求和价值观，既贯穿了奥林匹克宗旨，又融汇了奥林匹克的理想，还兼蓄了奥林匹克原则，是奥林匹克运动的旗帜。自 1896 年第一届现代奥运会起，人们就用若干言简意赅、便于铭记的短句来展示奥林匹克精神，如"更高、更快、更强""体育就是和平""相互了解，友谊、团结和公平竞争""参与比取胜更重要"等。

2. 电子竞技运动与奥林匹克精神的关系

竞技，即比赛技艺，多用于体育比赛项目，往往带有取得输赢结果的性质，它是体育的本质特征，即强调对抗、比赛。而对抗和比赛也是电子竞技游戏的核心原则。

在电子竞技运动中，人与人之间的竞争被引入传统的电子游戏，在激烈的相互对抗中，选手实现了挑战自身极限的目的。高度的技巧性和规律性是衡量一项运动是否体育项目的重要标准。其参赛选手需要投入大量时间和精力，通过严格、正规的训练和大量的实践来提高自身的技术水平。

公平统一的竞赛规则是体育项目的基本特征。电子竞技运动的参赛者都是在公平统一的规则保障下进行比赛的，它不同于传统的网络游戏，不能通过充值等方式来提升角色的实力，也不允许线下交易相关账号，选手只能通过投入大量的时间和精力来实现参赛水平的提高。事实上，电子竞技运动对选手体力和耐力的要求也正在逐步提高。实验证明，电子竞技运动具有锻炼人体神经系统的健身功能，如提高大脑皮质的兴奋性和神经过程的灵活性，改善大脑皮质神经过程的均衡性，使大脑供血供氧量充足，等等。电子竞技运动还有着可定量、可重复、可精确比较等体育比赛特征。

电子竞技运动的上述特点体现出其高度的体育性。作为一个特殊的体育项目，其器械、比赛环境、战略战术、日常训练等是通过信息技术来完成的，对数字技术和硬件设备的要求非常高。从发展源头来看，电子竞技游戏和体育都是游戏发展到一定历史阶段的产物；从发展目标来看，两者的最高目标都是锻炼和提高人自身的能力和素质。总之，电子竞技是信息技术和现代体育广泛结合的结晶，是体育、科技和时代协同发展的产物，可以说是"数字体育产业发展的灵魂"，为未来的体育发展开辟了广阔的天地，提供了无尽的想象空间。

电子竞技游戏是竞技体育表演市场的重要组成部分。竞技体育是人类社会一种极具魅力的社会文化现象。竞技性和表演性是竞技体育的显著特征，以此为基础形成的竞技体育表演是竞技体育进入当今社会生活的重要途径。电子竞技游戏通过公平的比赛规则来实现竞技过程，比赛的名次和胜负决定竞技的最终结果。竞技结束后，会以某种物质或精神的形式给予胜利者嘉奖。

在比赛过程中，参赛选手的个人才能和竞争激烈的比赛场景都在公众面前得到充分展示。参赛的游戏玩家只有尽力发挥自己的体能和智慧，才可能战胜对手。通过公众的欣赏和评判，电子竞技游戏的多重价值得以实现，产业效益得到延伸。如果没有观众的积极参与，只是游戏玩家进行内部比赛，那么比赛就失去了意义，电子竞技也就失去了其存在的价值和应有的魅力，其产业变现能力与经济效益将会大大受损，最终将不利于行业的整体发展。

随着竞技成分的增加，体育项目呈现出越来越职业化的趋势，竞技体育越来越接近于一份正式的工作。我国电子竞技的职业化发展走在世界前列，已经探索形成的相关措施和路径可以被其他竞技体育项目所借鉴。作为一个新兴的体育项目，电子竞技在较短时间内赢得了各层次数量庞大的参与人群，特别是在学生群体中广受欢迎，而众多的游戏玩家是其生存发展的重要基础。这种现象可给某些竞技体育项目在我国的大众化普及提供有益的启示。

然而，虽然同为人与人之间或团队与用户之间的比拼，但电子竞技运动与现实世界中的诸多竞技体育运动项目仍然存在一些显著区别。第一，在载体方面，电子竞技运动是信息技术与体育运动有机结合的产物。它是借助于电子计算机及运行的相应软件在虚拟世界里开展的竞技运动，其开展的方式和手段都高度依赖信息技术，这是根本性差异。从一定意义上说，以信息技术为基础的各类硬件、软件是电子竞技运动的"器材"和"场地"，是电子竞技运动生存和发展的"生命线"。受益于此，电子竞技运动的开展受空间和时间的限制较小。第二，在参赛者方面，电子竞技运动对参与者体能和智力素质的要求更为全面和深入，要求运动员有熟练操作鼠标和键盘的能力、手脑和四肢高度配合的能力、快速的反应能力、强大的意志力、团队精神与协调能力，以及高度的自制能力与专注度。第三，在功能性方面，与其他体育项目直接作用于人的身体、间接作用于人的精神世界不同，电子竞技运动可以直接作用于人的思维方式和生活方式，更加有效地锻炼和提升人的智力水平，从而真正实现人的全面发展，达到"更快、更高、更强"的目标。

第二章 电子竞技运动设备概述

一、电子竞技运动设备的发展

1. 互动电子游戏设备的起源

如果将一个互动电子游戏当作一个软件程序,那么不同的游戏就是不同的程序,玩家想要体验这个程序、操作这个游戏,就需要一个能安装并运行这个游戏程序的平台。这个平台必须有相对应的硬件设备来支撑,只有依靠这些相适配的硬件设备,玩家才能够进入游戏的程序。通过这些硬件设备,玩家才可以操作控制游戏当中的各种角色。因此,互动电子游戏设备是使用者和电子游戏程序产生互动的纽带。另外,相应的程序还需要适用于相应的设备,因此,互动电子游戏设备与游戏本身的软件程序形成了模组化搭配。例如,20世纪八九十年代比较流行的《魂斗罗》《超级玛丽》《忍者神龟》等游戏的程序相对应的互动电子游戏设备就是俗称"红白机"的 FC。使用者通过"红白机"自带的左右手柄,使游戏里面的角色进行上下左右移动、跳跃、发射等相应的动作,从而进行交互操作,产生互动。

2. 虚拟现实设备的诞生

虚拟现实技术应用于数字娱乐游戏,还可以通过其他技术设备来实现。随着技术的发展,互动电子游戏设备主要包括游戏机(console)、街机(arcade)、计算机(computer)和手持设备(handhold platform),它们构成了现有的游戏平台格局。

这些平台均采用冯·诺依曼式结构所共有的输入与输出设备,所以,互动电子游戏设备可分为输入与输出两个方面。

从输入方式看,游戏机以手柄输入为主,按键较少,操作舒适简单,但难以进行文字等复杂输入,不宜设计过多的文字输入、鼠标点选等内容;计算机输入以鼠标、键盘为主,操作略复杂,可支持多种外围设备,但与游戏机手柄相比,操作舒适度和人机效能有所下降,热键的排列要考虑手部操作的自然性;手机输入方式多以按键为主,按键小而密集,不宜设计操作精细且复杂的内容，不过，部分手机额外具有语音输入、摄像头和空间定位的功能，可以由此展开游戏构思；街机输入可以根据游戏的内容量身定做，设计空间较大，如可以为赛车游戏安装方向盘和刹车装置，为射击游戏增加光枪，为音乐游戏特制跳舞台等。如果做一个横向比较，现有各种互动电子游戏输入设备的自然化程度有所不同，手机、键盘、手柄、摇杆、鼠标和数据手套的操作自然性依次升高。

从输出方式看，主流游戏平台都可提供图像、声音的输出，不过输出质量不一，尤其是图像的质量差异更为明显。例如：游戏机借助电视机输出图像，屏幕较大，但是解析度比计算机屏幕低，字体和图标的设计要注意提高其识别度；计算机图像一般分辨率较高，但是受显卡和 CPU 性能的影响显著，游戏图形引擎要尽可能适合不同型号的显卡，并且要考虑到为低配置的机型运行提供如关闭运动模糊、抗锯齿等高级图形效果的选项；手机图像普遍较小，分辨率和显示规格不一，从单色、四色至真彩色不等，游戏中不宜设计过多图标和菜单，游戏画面也需要适合屏幕面积；街机图像的设计一般与游戏机同步，不过还可以额外增加立体声、振动反馈、运动反馈等多种高级输出，设计灵活性大，沉浸感强。

3. 互动电子游戏设备的设计原则与特征

目前，游戏交互模式的设计多为改良型的设计，也有个别突破性的研发，但无论哪种类型，都必须符合游戏活动一贯特有的游戏性规律。例如，1995 年任天堂（Nintendo）推出的一款便携式立体影像游戏机 Virtual Boy，可以利用双眼视差呈现出远近分明的立体画面。但是由于游戏特性考虑不周，结果使得任天堂遭受前所未有的失败。而 2006 年该公司在推出 Wii 时便吸取经验，在游戏性上做足了文章。Wii 在交互中采用运动传感器（motion sensor），通过手柄的空间位移和检测实现了自然化的人机操作，在市场上大获成功。分析发现，这两款游戏机的成败与游戏性因素密切相关。Virtual Boy 的液晶屏只能显示单色调的影像，与当时轰动的 32 位游戏机革命相比，沉浸度和伴信度大大降低，竞争落败并非偶然；而 Wii 在不影响沉浸感的基础上提高了交互的自由度和自然性，将玩家从按钮化的操作中解放出来，充分发挥了高尔夫球、网球等体育活动的运动乐趣，游戏性不言而喻。因此，游戏性是互动性电子游戏设备的一个重要的评判标准，交互的模式不仅要考虑游戏硬件的局限和特长，而且要考虑玩家交互的自然性和沉浸感。游戏中的操作设计类似于通用的交互设计概念，如应该采用自然化的交互方式，提高用户的效率性，保持与日常的知觉经验一致等。而互动电子游戏设备交互的设计原则建立在游戏性的基础之上，在设计中需要对效率性和自然性灵活地进行取舍。

互动电子游戏设备的操作设计应遵循自然性原则，其中包括自然化反馈和语义化操作两个方面。

自然化反馈主要针对游戏情景的实时反馈而言，强调游戏要按照人的自然方式和习惯方式设计反馈内容。首先，动作的反馈应与操作的方式密切关联，其中各种细节的契合程度直接影响到游戏性。例如，在跳跃动作的设计中，理想的情况应该是轻微按下跳跃键，对应于人物的小跳动作，而较重地按下跳跃键，则对应于大跳动作。不过，由于键盘没有压力感应功能，所以设计中只能转而捕捉玩家按下跳跃键的细微的时间差异来识别玩家的意图。而当宠物搞破坏时，玩家可以按住鼠标，在宠物头部附近左右打耳光般快速移动，则表示对其惩罚。这些操作都具有天然的语义性，与菜单图标化的方式相比，也更加直观和易于掌握，更具有游戏性的意味。这些设计方案突破了常规采集离散数据的模式，对轨迹和时间数据进行了连续的识别。同样的技术还见于手写输入的各种笔势符号，诸如回车、删除等笔势都来源于常用的键盘符号或手写习惯。如果不计量长期练习后的熟练程度，姿势识别操作无疑具有更易学习的优势，而这种特点正好符合游戏的要求。在可见的未来，互动电子游戏设备还将更加开放、自然且互动性更强，尽可能地提高交互的自然性和可用性，关照玩家微妙的认知习惯和思维方式，在各种交互细节中体现游戏特有的动作乐趣、沉浸乐趣和自由乐趣。

纵观游戏的发展历程，游戏设计制作从早期的像素点、多位色块，到后来的2D、3D、4D动感空间等，每一次发展与创新都离不开先进技术手段的大力支持。游戏设计制作中对关键技术的要求越来越高，既要考虑虚拟游戏世界环境、画面和人物动作的渲染程度，还要考虑游戏玩家的需求，突显数字娱乐游戏的交互性、公平性、娱乐性及趣味性。虚拟现实的概念早已被提出。20世纪80年代，美国VPL公司创建人Jaron Lanier公开了一种技术设想：有没有一种技术可以综合利用计算机图形系统和各种现实及控制等接口设备，在计算机上生成的、可交互的三维环境中提供沉浸感觉的技术？Jaron Lanier将这种技术命名为Virtual Reality，即虚拟现实，简称VR。

二、电子竞技运动设备的分类

电子竞技运动是一种以电子游戏为竞赛载体，以电子设备为运动器械而进行的人与人之间的脑力、体力对抗体育运动项目。通过竞技运动，可锻炼和提高参与者的思维能力、神经反应能力、大脑与四肢协调能力和意志力，同时培养团队的协作和沟通能力。

1. 电竞显示器

随着显示技术的发展，液晶显示器因其显示效果、体积大小的优势取代了传统的 CRT 显示器，但因为液晶显示器成像原理不同于传统 CRT 显示器，在一般情况下，其响应速度与刷新率都要低于传统 CRT 显示器，所以液晶显示器在高速画面下容易产生拖影现象，最高刷新率往往也只达到 60 Hz（赫兹），即每秒显示 60 幅画面，在动态影像的清晰度与流畅度方面表现略差。电子竞技比赛过程瞬息万变，尤其是在以 FPS、RTS、RAC 为主的电子竞技比赛中，每一个画面表现都会影响选手的判断，画面信息的准确性尤为重要。因此，针对电子竞技比赛的要求，显示器生产商推出了高标准的电子竞技比赛专用显示器。电竞显示器即针对电子竞技比赛专门定制的游戏型显示器。经过技术的升级，目前，电竞专用显示器已经发展到第二代。

第一代电子竞技显示器主要通过响应速度和刷新率两方面性能参数来定义：①以 1 ms（毫秒）为标准的高速响应时间，减少在画面高速变化下的拖影现象，提供准确画面以供电竞选手判断；②以 144 Hz 为标准的高速刷新率，通过提高显示器的刷新频率，提升视觉上的画面流畅度。

第二代电竞显示器在第一代的规格基础上，对画面的同步技术提出了要求：通过内置 G-SYNCTM 显示技术，实现了显卡输出帧数与显示器刷新率的完全对应，从而解决了传统显示器因输出帧数与显示器刷新率不统一而造成的画面撕裂现象与卡顿感。

电竞显示器的特点如下。

一般来说，人眼所能察觉明显画面闪烁或延迟的刷新率大概是 60 Hz，而我们平时所接触到的大部分液晶显示器都只提供了最高 60 Hz 或 75 Hz 的刷新率支持。其中，75 Hz 的画面刷新率是视频电子标准协会（Video Electronics Standards Association，VESA）既定的无闪烁的最基本标准，而这样的规格用来应对日常办公、影音娱乐和轻度游戏可以说是足够了，但对于分秒必争的电竞赛场来说，低刷新率所产生的画面迟滞则会成为影响玩家水平发挥的性能短板，因此才有了 144 Hz 高刷新率显示器。

相较于 60 Hz 模式，高刷新率模式可以在相同时间内刷新出更多的静态画面，因此游戏中角色的位置显示更加实时、虚影更少，鼠标点击和技能释放操作也更加准确。得益于 144 Hz 电竞显示器的功能，画面卡顿、延迟、撕裂等情况几乎消失不见，玩家们在游戏中的体验感更好，不会因为显示器的性能不够好而产生糟糕的游戏体验。这也是 144 Hz 成了如今电竞显示器标准配置的原因。

第一代电竞显示器针对电竞选手的专业化要求，通过加压将液晶显示器的响应时间减少至 1 ms（传统液晶显示器为 5～16 ms），将显示器带宽刷新率提升至 144 Hz（传统液晶显示器仅为 60 Hz），从显示器的角度初步解决了电竞玩家在画面高速变化下的画面清晰度与流畅度问题。

第二代电竞显示器在画面显示的过程中，先通过显示卡处理数据并输出到显示器，最终由显示器呈现出来。如果显示器的刷新频率与显卡的输出帧数不匹配，譬如显卡的输出速度为 45 帧/秒，而显示器保持在 60 帧/秒，则会出现显示器用 60 幅画面显示了实际 45 幅的画面内容的情况。这种情况在显示静态画面时是没有问题的，但在动态画面中，就会因为这一秒内有 15 幅画面还停留在上一幅中，导致画面衔接不畅而出现撕裂或卡顿的现象。同样，当显卡输出帧数高于显示器刷新率时，也会因为显示器固定的输出频率而造成显卡输出的"供大于求"，导致画面显示出现问题。

第一代电竞显示器仅从显示器端解决了画面拖影和流畅度的问题，第二代电竞显示器则是通过 G-SYNCTM 技术实现了显示卡与显示器的技术互通，进一步提高了显示画面的完整性与准确度，这一技术简单理解就是让显示器能够保持"动态刷新率"。

电竞显示器已经成为目前显示器市场上一个重要的细分品类，关注并投入精力研发生产的品牌厂商越来越多。这类产品针对不同游戏种类的特点进行针对性优化，多数还拥有炫酷的外形，符合电竞爱好者的审美。

2. 电竞键盘

随着电子竞技运动热度的增加，键盘作为电竞比赛的工具，越来越受到参与者的重视。以机械键盘技术为基础的电竞键盘因手感好和使用寿命长等优点，逐渐取代薄膜键盘并普及开来，其中，青轴与黑轴的机械键盘尤为普遍。

机械键盘（mechanical keyboard）是一种键盘的类型，从结构来说，机械键盘的每一个按键都有一个单独的开关来控制闭合，这个开关称为"轴"。依照微动开关的分类，机械键盘可分为茶轴、青轴、白轴、黑轴和红轴。正是由于每一个按键都有一个单独的微动开关控制，按键段落感较强，能够产生适于游戏娱乐的特殊手感，因此通常作为比较昂贵的高端游戏外设。

机械键盘有以下优点。

（1）机械键盘最重要的是轴。机械键盘比普通薄膜键盘寿命长，好的机械键盘寿命为 10 多年甚至 20 多年。机械键盘即使使用时间很久，按键手感变化也很小。高端的薄膜键盘也非常不错，但是使用一段时间（12～18 个月）后手感会有变化，会由于塑料磨损、硅胶材质老化而出现卡键、回弹力减弱或按键变硬等问题，无法满足玩家的游戏操作需求，而不得不被淘汰和更换。

（2）机械键盘不同的轴的按键手感都不相同，薄膜则触感单一。薄膜键盘的触发机制是达到临界压力就直接触底，也就是玩家常说的"要么按不下去，要么直接到底"，类似于眼镜盒的开关风格。而机械轴由于使用的是弹簧，阻力是渐进的。玩家按下时会有一种跟随手动的感觉。常见的 4 款轴体——青轴、茶轴、红轴、黑轴可以满足 80% 的玩家的使用需求。玩家完全可以通过自己喜欢的压力克数来挑选对应的轴体。而网吧大部分机械键盘所使用的机械轴体为青轴，这也是很多玩家最开始接触的轴体。

（3）机械键盘可以做到 6 键以上无冲突，部分机械键盘甚至可以全键无冲突，而 6 键以上无冲突的薄膜键盘较少。

（4）可以自己更换键帽，方便个性定制。薄膜键盘不但已经失去了价格优势，在外观上也被机械键盘不断"打压"。曾经的机械键盘外观过于古板，没有薄膜键盘那么酷炫好看。而在如今 RGB（光学三原色）都快成了机械键盘标配的年代，薄膜键盘外观上优势也在慢慢地淡化。

其实，键盘最大的区别在于使用成本和手感保持性。对于这两点，机械键盘的优势更加明显，同时也更适合电竞玩家们使用。

3. 电竞鼠标

电竞鼠标是指可用于电脑游戏的鼠标，主要以光学引擎的性能来区分。通常，引擎的扫描速度要超过 5000 次/秒。电竞鼠标按鼠标引擎工作方式分为光电鼠标和激光鼠标,按连接方式分为有线鼠标和无线鼠标。

(1) 光电鼠标与激光鼠标的区别。光电鼠标的核心是一个低分辨率迷你摄像机,称为传感器。原理就是利用发光二极管照射移动表面,并被反射回鼠标的光学感应器,用以记录移动动作,以此来捕捉移动位置的不同画面。当移动鼠标时,传感器会连续拍摄物体表面,并利用数字信号处理来比较各个影像,以决定移动的距离和方向。产生的结果会传回计算机,而屏幕上的光标会根据这些结果来移动。

激光鼠标的工作原理与光电鼠标类似,只是把发光二极管换成了激光二极管来照射鼠标所移动的表面。激光光线具有一致的特性,当光线从表面反射时可产生高反差图形,出现在传感器上的图形会显示物体表面上的细节,即使是光滑表面;反之,若以不一致的发光二极管作为光源,则这类表面看起来会完全一样。激光鼠标的优势主要是表面分析能力的提升,借助激光引擎的高解析能力,能够非常有效地避免传感器接收到错误或模糊不清的位移数据。

光电鼠标和激光鼠标本质上的区别就是精准度。一般应用其实都可以选择光电鼠标。激光鼠标的精准度比光电鼠标的精准度更高,为了满足电子竞技的专业性需求,电竞玩家一般会选择使用激光鼠标。

(2) 有线鼠标与无线鼠标的区别。有线鼠标由于直接用线与电脑连接,受外界干扰非常小,因此在稳定性方面具有巨大的优势,比较适合对鼠标操作要求较高的游戏与设计使用。

无线鼠标一般有两种传输技术,即 2.4 GHz 无线传输和蓝牙无线传输。一般的无线鼠标采用的都是 2.4 GHz 无线传输技术。这种鼠标需要一个接收器,插在主机的 USB 接口上,虽然是无线,但是要占据一个 USB 插口。而蓝牙鼠标则是通过蓝牙传输,并不需要 USB 接收器,而且可以同时在多台设备之间进行切换,方便性和可拓展性较高。

有些无线鼠标有时会有连接不上、卡顿和丢帧的情况发生,而且无线传输抗干扰的能力也比较差。而电竞是对鼠标使用性能要求很高,所以玩家们还是会选择有线的电竞鼠标。

电竞鼠标作为电竞运动中常用的专业输入设备,和普通鼠标的区别很大。电竞鼠标在材质、刷新率、识别率、反应速度、造型、重量、自定义按键等方面针对电子竞技运动的特点进行了优化,经过多年的发展,相关产品的技术已经成熟,未来会在连接方式、个性化方面进一步发展。

4. 电竞耳机

耳朵是人的第二双眼睛，即使物体不在视线范围内，人们也能够通过声音很好地判断其位置、大小、方向等。在一些 FPS 电子竞技比赛中，通过声音做出的判断决定了选手在比赛中的意识、协作方式等，有时还会影响一场电子竞技比赛的胜负。

普通耳机与电竞耳机的区别是，普通耳机一般侧重于音质，重低音效果，其设计主要是为了音乐的欣赏，并没有对声场、细节进行高度还原，保真度低，隔音效果差，若用于 FPS 类的电竞比赛中，可能影响选手个人发挥，造成严重误判。

专业电竞耳机在声场、空间定位、细节、隔音等方面针对电子竞技运动的需求进行了优化，使之有很好的还原效果，让专业玩家能够发挥实力和协作能力，掌控比赛的节奏。

5. 电竞手柄

随着智能手机的普及，手机游戏行业快速发展。手机游戏无论在画质上还是游戏可玩性上都有了质的飞跃，这使得越来越多的人参与到手机游戏中，以智能手机为平台的移动电子竞技随之快速发展。但由于手机操作仅限于在屏幕上，手指滑动接触面积较大，存在误差，无法精准地进行视角移动和瞄准，游戏体验仍然无法做到与掌机或主机相媲美，这使得对操作有较高要求的玩家无法进一步提升竞技水平。根据玩家的需求，为移动电子竞技配套的电竞手柄成为游戏手柄的新类型。电竞游戏手柄的出现可在一定程度上辅助玩家的操作，使手机游戏的操作变得更加灵活。

目前，电竞手柄有支架式、拉伸式、触屏按压式 3 种，连接方式有有线和无线两种。

支架式手柄将手机以支架方式安装在手柄上，通过无线蓝牙进行连接，使用虚拟软件进行游戏控制。

拉伸式手柄放置在手机两边，将手机固定在当中，有线或无线连接。让手机和手柄成为一体，更接近于传统的掌上游戏机的操控方式。

触屏按压式手柄并不直接连接手机，而是以辅助按压的形式操控手机屏幕，没有电子元件，主要是支架加辅助摇杆。使用摇杆以后，手指不用摩擦屏幕，手感会好很多。

第三章 电子竞技运动场地概述

一、电子竞技运动场地简介

电子竞技运动场地是电竞运动员训练、电竞赛事举办、电视节目制作、电竞体验、游戏直播、周边娱乐的一个多功能性场地。我国电竞运动起步较晚,虽然电竞的线上载体已经处于逐步成熟的阶段,但其线下载体还处于萌芽阶段。目前,国内电子竞技市场职业化比赛和商业化联赛已经形成,全国已有多家电子竞技职业俱乐部。从目前的发展情况看,电子竞技运动是人类社会发展进入信息时代后产生的一项新兴的竞技运动,是信息技术与人工智能技术融合的产物;电子竞技运动场地则是未来全国电竞选手的输出地,也是未来中国电竞文化产业经济体的重要载体。

当前,中国的电子竞技运动还处在起步阶段,还存在很多不完善的地方,绝大部分电子竞技比赛组织都不够专业,没有规范的体制,也缺少一个符合国际专业标准的比赛场馆,这在一定程度上制约了国内电子竞技产业的发展。从传统模式来看,国内各地很多电子竞技中心依托于网吧、游戏厅等个体资源,这在一定程度上限制了电竞比赛的规模和影响力。建立正规的电子竞技运动场地,对其场地进行专业化设计,专项使用,让电子竞技从网吧走出来,使其与网络游戏的区分清晰化,将对电子竞技的发展起到促进作用。

电竞馆经历了网吧时代、网咖时代的发展而逐步成型。随着电竞馆投资的兴起,电竞馆逐渐成为年轻人聚集的新的生活社区,不断地完善和发展。

  1. 网吧

最初的网吧曾是无数"80后"和"90后"青春回忆里不可缺少的一部分。20世纪90年代末,互联网悄然进入人们的视野。当时的电脑价格偏高,大多数家庭没有购置电脑,因此网吧成为人们上网的主要场所。那个时候的网吧有两个基本特点。一是环境、服务差。最初的网吧都是比较简陋的,甚至有人在网吧里吸烟喝酒。网吧时代从业者素质普遍偏低,网吧一般只有一个网管管理人员。又因为去网吧的未成年人多，网吧一度深受社会诟病。二是电脑设备不完善。最初，网吧里的电脑少则3～5台，多则8～10台。到了2000年后，才逐渐出现有80～100台电脑规模的网吧。网吧里的电脑经常死机蓝屏，鼠标反应速度慢，键盘按键不灵。然而，即使在这样艰难的环境下，还是诞生了一大批优秀的电竞玩家，为中国互联网电竞行业的发展奠定了基础。

2. 网咖

2014年，相关部门联合发出通知，调整网吧行业管理政策，全面放开网吧审批，并力推网吧行业转型升级。以前被贴上"脏乱差"标签的网吧，一步步转型成为更高端大气的网咖。网咖环境好，装潢精美，更具有游戏的氛围。高档的电脑设备、蜂巢式电脑桌、人体力学休闲靠椅、独立咖啡区和游戏休息区等被搬入网咖。顾客不仅可以在柔软的卡座里喝着各种美味的饮品，和朋友上网聊天、看电影，还可以参与电子竞技。电脑设备配套好。网咖里的电脑设备逐渐专业化、电竞化，曲屏显示器、机械键盘、竞技鼠标和电竞椅也逐渐成为网咖的标配。而《绝地求生》游戏的大热，又带动了网咖电脑配置的升级换代。同时，网咖是消费升级的开始。一般网咖非会员每小时10～24元，会员每小时5～12元。比起传统网吧每小时3元、两小时5元的收费，网咖收费相当高，经济收益较好。

3. 电竞馆

随着国际奥委会正式宣布，认证电子竞技运动为正式体育项目，电子竞技被推上了新高度。2017年英雄联盟全球总决赛在"鸟巢"举办，点燃了中国电竞爱好者前所未有的热情，也让大家看到了电竞赛事的影响力和市场潜力。作为现代电竞爱好者的集聚地，电竞馆也应运而生。那么，电竞馆和网咖有什么不同？最直观的区别就是文化和风格。电竞馆完全是电子竞技的文化格调，而不是主要供上网、休闲的场所。一个气场极强的电竞场馆也可以让玩家、选手释放个人最强大的战斗力，因为专业的解说、懂行的玩家和竞技的氛围会刺激肾上腺素分泌，让人进入竞技状态。

电竞馆比网咖更专业，其标配有专业的电竞舞台、LED大屏幕、导播间、解说间、音响舞美设备、观众席，以及外场的上网区、手游区、餐饮区和娱乐区等。

电竞馆可承接大型赛事。电子竞技作为"互联网＋竞技体育"的新兴产业，赛事在游戏开发商和用户之间扮演着重要的角色，推动整个产业的飞速发展。电竞馆的魅力在于吸引线下玩家和观众会集在一起，让他们体验电子竞技带来的激情和快乐。

电竞馆因为经常要承接大型比赛，所以更需要经验丰富的赛事经理和策划、主播和解说，甚至有的电竞馆会打造自己的电竞战队，所需人才配置发生了转变。电竞馆可以说是能够满足电子竞技爱好者的地方。电竞馆具有的这些特点都是网咖所没有的。

二、国内外不同规模电子竞技运动场馆案例分析

2005年3月，"中国电子竞技比赛训练中心"正式落户南京东郊。

2005年4月，哈尔滨市体育局、体育总会向哈尔滨工程大学科技园授予"哈尔滨市电子竞技运动基地"标牌。

2005年11月，武汉电子竞技训练基地在中电广场挂牌。

2007年1月，浙江省电子竞技对战平台正式在舟山启用，继杭州、湖州、嘉兴三地之后，舟山拥有了自己的电子竞技运动基地。

2008年1月13日，绍兴市电子竞技中心落成暨浙江省电子竞技训练基地揭（授）牌仪式在绍兴袍江新区隆重举行。

2008年5月27日，全国大学生电子竞技基地落户江苏南通清之华园科技孵化基地。

全国各地的电子竞技运动场地如雨后春笋般涌现出来。下面介绍国内外几个不同规模、类型的电子竞技运动场地。

1. B5电竞馆

B5电竞馆是全国性电子竞技运动场馆专业连锁品牌，其名称起源于"For the best 5 to the best fight"。B5电竞馆用心打造满足高水准电子竞技训练需求的专业化软硬件环境，配合多样化、多层次专业电竞赛事落地，形成了异于传统网吧或网咖的电竞新文化与电竞新商道，也成为国内电竞圈独具特色的旗帜，不断引领网吧行业的转型升级。（如图3-1）

第三章　电子竞技运动场地概述

图 3-1　B5 电竞馆

图片来源：https：//www.b5esports.com/。

　　B5 电竞馆深入把握玩家的需求，并针对网吧行业痛点，创造性推出电子竞技整体解决方案，除场馆与硬件持续升级外，更有独具特色的运营模式：游戏电竞主题能够满足喜好团队作战与竞技氛围的核心客户群；跨区域乃至全国联动的多元电竞赛事带来丰厚的奖金与荣誉，对庞大的玩家群具有极大的吸引力；同时，结合玩家所喜爱的各类专业培训、主题活动等，进一步为电竞馆持续稳健经营带来切实的保障。

　　（1）运营体系。①服务特色化。在囊括了传统网吧各类服务内容的基础上，B5 电竞馆针对电竞玩家的多种类型与特点进行深入研究，分别开发出满足不同电竞玩家的特色化、差异化服务。②运营标准化。为简化管理、提升绩效，B5 电竞馆在长期经营实践中，发展出完备的标准化运营策略及实施方案，并通过对各连锁店运营大数据的深入挖掘而得以不断优化。

　　（2）场馆特色。B5 电竞馆拥有专业设计师团队，以电竞用户需求为出发点，对场馆进行功能布局与空间设计，含竞技对战区、可承办专业赛事的舞台区、可满足直播需求的独立直播间，以及满足职业选手及高端玩家日常训练需求的专用电竞黑房等。

　　（3）专业软硬件解决方案。B5 电竞馆提供一揽子软硬件专业解决方案，可满足日常管理、第三方任务系统、电竞赛事落地，以及赛事直转播等各类需求，帮助连锁店快速步入成长通道。

（4）专业赛事活动策划执行。利用连锁经营优势，B5电竞馆可辅助大型赛事及活动（如极限之地亚洲杯、ESWC中国区预选赛、LOL城市对抗赛、OW城市对抗赛等）成功落地，并通过对运营大数据的深入研究，不断制订更切实可行的运营活动与执行方案。

（5）专业玩家服务。B5电竞馆面向所有员工定期进行专业化培训，从而能够更好地满足广大电竞玩家有关游戏、外设、电竞赛事乃至成立电竞俱乐部等不同类型的需求。

（6）系统的竞赛体系。依托遍布各地的B5电竞馆，形成绵延全年的从线上线下落地单馆到覆盖全国的多级比赛体系。跨区域乃至全国联动的电竞赛事能够带来丰厚的奖金和荣誉，也对玩家具有巨大的吸引力。

（7）丰富的电竞资源。为构筑更有活力、更具特色的O2O电竞生态新系统，B5电竞馆不仅整合收购了国内专业CSGO线上匹配平台——B5对战平台，同时也与虎牙、熊猫、火猫、全民TV等众多直播平台达成深度合作，再加上与游戏开发商、运营商、赛事主办方、职业俱乐部及电竞媒体的紧密携手，一方面能够帮助电竞赛事成功落地，另一方面也为B5电竞馆专业连锁品牌带来持续的曝光与更高匹配度的有效宣传。

（8）强大的合作伙伴。B5电竞馆与世界五百强企业之一明基友达集团达成长期战略合作关系，共同对潜力巨大的电子竞技市场进行探索和开拓。

2. 幻速赛车电竞馆

"电竞+"模式越来越多元化，而幻速赛车电竞馆更是别树一帜。它与一般电竞馆急着进设备、搞活动不同，因为这样的玩法很容易陷进"高级版网咖"的尴尬境地。幻速赛车电竞馆的盈利模式和功能也与普通意义上的电竞馆不同。

早在开创线下实体之前，幻速赛车就是国内外具备一定影响力的赛车模拟器品牌。深耕于动感技术8年，旗下产品幻速赛车模拟器被认为是海内外性价比较高的专业级赛车模拟器，经过多年的沉淀，已经覆盖全国300多个城市。它专注的领域划分细致，非常有吸引力，用户特征也非常明显：年轻时尚、爱好赛车、爱好电竞。所以，在成立之初，幻速赛车电竞馆就能够快速而精准地获客，运营不到两年，就积累了10万忠诚用户。

从功能上来说，幻速赛车电竞馆最大的特点在于能提供更多的增值服务，馆内包括休闲区、体验区（赛事区）、观众台、吧台，一天可以支持660次以上赛车电竞体验服务、264次以上餐饮服务。此外，还能提供各种赛车主题活动解决方案，包含赛事场地、人员、设备、内容等全方位的服务。

业内普遍认为，赛事是电竞产业链的核心内容。幻速赛车电竞馆很早就意识到一家只提供设备的电竞馆发展有限，所以伴随着幻速赛车电竞馆落地的还有每个城市的赛车俱乐部。这些俱乐部为电竞馆输送优秀的模拟赛车手，电竞馆又为俱乐部提供培养的场地、设备等各项资源，双向借力，合作共赢。基于此战略，幻速赛车定期举办专业级全国性的赛车电子竞技赛事，并再一次发挥了自己的技术优势，进行"软+硬"超强搭配，为赛车电竞开发出了专业的赛事服务系统，为普通体验用户、专业玩家、职业选手提供了更加便捷的赛事平台，提高了赛车电竞在国内的影响力，也借此打开了更大的市场。

赛事之外，通过赛车相关的培训、教育、餐饮、主题活动之类的综合性业务，幻速赛车电竞馆在单一物理空间上打造出了更多的消费场景，也为自己的发展提供更多的源动力。在电竞馆遍地开花的当下，幻速赛车电竞馆的竞争力显得尤为突出。

此外，电竞馆作为电竞落地的载体，不少创业者已将其视为创业的一个途径。电竞实体正在逐渐走出自己的路，如果在一些方面能够参考传统体育成功的经验，一边做好场馆基础设施，一边聚集忠实的俱乐部粉丝，统筹战队布局、人才培养、赛事落地、宣发渠道等方面，将会有更大的发展空间。

3. 重庆忠县电竞馆

重庆忠县电竞馆是亚洲首个专业性质电子竞技综合场馆。该项目总投资约14亿元，占地180亩[①]，毗邻长江，由中国建筑第二工程局有限公司西南分公司采用EPC模式建造。（如图3-2）

除了高手们过招的电竞馆主场馆，项目还包含展示厅、综合孵化中心等部分，建成后将成为全国最大的电竞主题小镇。

忠县"电竞小镇"总占地面积3.2平方千米，以连续5届举办CMEG

---

① 1亩约为667平方米。

图3-2　重庆忠县电竞馆框架施工场景

图片来源：https://www.lcjh.com/case_view-2479.html。

总决赛为切入点，通过与大唐网络、腾讯、奇虎360、天天电竞、掌趣科技等互联网领军企业，以及国家体育总局体育信息中心、公安部第一研究所、中国信息通信研究院等单位在电竞产业领域展开全方位合作，努力打造集赛事举办、娱乐体验、内容制作、人才培训、装备及衍生品生产为一体的"宜赛、宜业、宜游、宜居"的电竞生态产业圈。按照"电竞产业圣地、玩家体验天堂"项目建设思路，"电竞小镇"计划用3～5年的时间重点布局"三区七园"，即电竞产业区、生活配套区、滨江游乐区和赛事园、孵化园、装备园、航天园、学院园、实战体验园、科普园。其中，赛事园以电竞馆为依托，举办各类电子竞技比赛及其他体育赛事，大力发展赛事经济；孵化园将建立功能完善的电子竞技软件检测中心、数字资产确权中心、数字资产评估中心、数字资产交易中心等公共服务平台，引进游戏研发、制作、运营等企业入驻；装备园将引进VR/AR、智能硬件设备、电竞游戏衍生品、电竞宝等装备制造企业；航天园与中航科技合作，建设航天科普教育体验基地；学院园建成实体大学和开放大学相结合的电竞学院，并以之为依托推进电竞人才培养，打造电竞人才高地；实战体验园将电竞游戏场景现实化，让玩家体验实战，实现电竞与旅游产业的融合发展；科普园打造青少年科普教育体验基地。

重庆忠县电竞馆是全国首个全钢结构电竞馆，总建筑面积约7.9万平方米，用钢总量达到3.2万吨。其主场馆是一个圆柱体形穹顶建筑，穹顶跨度达到 100 米，由 8 榀主桁架、24 榀副桁架共同支撑。电竞馆外立面均采用超大型异形玻璃幕墙，呈 4°倾斜，安装精度要求误差不超过 2 毫米。

内部设计，一专多能。场馆中心设有六面形大型 LED 屏，用于直播赛事。场馆周边设有 6096 个观众座位，经过精确的视觉分析，保证每一位观众都能 360°无死角观看赛事。(如图 3-3、图 3-4)

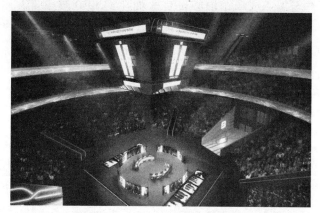

图 3-3　重庆忠县电竞馆效果图

图片来源：https://www.lcjh.com/case_view-2479.html。

图 3-4　重庆忠县电竞馆现场图

图片来源：https://www.lcjh.com/case_view-2479.html。

为了满足全球直播的需要，电竞馆通过专业布点设置 1000 兆专用光纤网络和1000兆备用网络。同时，通过声学分析布点，场馆内的满场混响将达到1.8秒。重庆忠县电竞馆作为专业性电子竞技综合场馆，融资14亿元建造，各种配套装备一应俱全，其显示大屏就是出自深圳市联建光电股份有限公司（简称"联建光电"）之手。据悉，电竞场馆大屏均采用联建光电户外固装L16、FS10以及室内固装FI5/FI6，总面积为3000平方米，直播当日，闪耀全场。该场馆中心设有8面斗形LED显示屏，用于赛事直播，场馆四周也被巨大的LED屏幕包围，确保观众从电竞场上的任意方向都能清晰地观看游戏赛事直播、即时回放内容、比赛时间和计分情况等视频影像，实现高清无死角观看的浸入式体验。

除了用于电子竞技大赛，场馆还可以举办篮球、羽毛球、网球等专业体育赛事。（如图3-5）

图3-5 重庆忠县电竞馆专设球馆

图片来源：https://www.lcjh.com/case_view-2479.html。

2017年12月23日，由国家体育总局体育信息中心等主办，重庆市体育局、重庆市忠县人民政府等承办的"大师杯"CMEG 2017全国移动电子竞技大赛总决赛在重庆忠县电竞馆举办，118名选手角逐《王者荣耀》《穿越火线》《球球大作战》《街篮》《三国杀》5款热门电竞游戏的冠军。

此次赛事创造了多个"之最"：比赛场地为当时国内最大的专业电竞

馆；该赛事代表当时移动电竞最高水平；共计 3000 平方米数字化大屏显示，打造当时电竞业最大可视化平台。

4. 宜博电竞馆——钢铁侠之家

宜博电竞馆作为第一个取得漫威钢铁侠形象授权的展示电竞馆，主题感强，深得玩家喜欢。展馆各处都可以看到钢铁侠的身影，进入展馆，就像走进托尼·斯塔克的试验基地。宜博电竞馆的正门有一条幽暗的通道，在蓝白色 LED 灯的照耀下显得很有科技感，头顶硕大的魔蝎似乎宣告着宜博地盘所属。密封的场馆随着金属摩擦声音缓缓地打开。圆形的场馆大门后面稳稳地立着一个接近 2 米高的钢铁侠模型。场馆各处都布置了蓝白色的灯光，细节轮廓都是炫酷的科技风格，在暗黑主色调的场馆里显得格外醒目；一排排统一的机器、设备放在桌面上，就好像每一位坐下来的玩家都是斯塔克家族里的一员。这种神奇的感觉会让人完全忘记自己身在电竞馆内。（如图 3-6）

图 3-6　宜博电竞馆

图片来源：http://www.e-3lue.com/。

宜博电竞馆主要分为两个不同的区域——电竞区和普通区。这两个区域使用的设备有所不同。电竞区使用的是全套钢铁侠定制外设：宜博 M639 钢铁侠定制版鼠标、宜博钢铁侠 3 耳机、复仇者联盟 2 机械键盘、钢铁侠 3 耳机支架、宜博 C303 电竞座椅。（如图 3-7）

图 3-7　宜博电竞馆内景

图片来源：http://www.e-3lue.com/。

普通区的装备配置参数稍微弱一点，但外观同样酷炫，骨极光狂蛇 G 版游戏鼠标、魅影狂蛇 G 版游戏键盘和 K725 星光版游戏键盘、魅影狂蛇 HS909 游戏耳机，用在普通电影或轻度游戏都是没有问题的。

电竞馆的各个方位都配置了电视和屏幕，中央大厅配有投影仪，内部还有一体式环绕音响。如此完善的设备无论用作民间电竞联赛还是全国性大型比赛都绰绰有余，更别说平时用户使用了。不过，假如每一个场馆都配置如此昂贵的设备，折旧的费用也将是一笔不可忽略的开销。

与其说配备全套宜博设备的电竞馆是一个大型的高端网吧计划，不如说这是一个全国性的宜博品牌展示馆。宜博的市场总监介绍说，宜博计划在全国电竞氛围比较浓的城市内开办大约 3000 家相同配置的电竞馆，届时宜博将以一个统一、高端的形象向全国铺开发展，让更多不了解宜博品牌的玩家可以触摸到宜博的产品，了解宜博的文化。

细想一下，如果每一款新出的产品都落到宜博电竞馆进行线下展示与体验，那么不得不说宜博正通过这个电竞馆计划在下一盘很大的棋。电竞馆落到线下，最重要的是体验。设备如此高级，"玩游戏"的感受毋庸置疑。假如各区域电竞馆能把当地的电竞比赛有效地连接起来，那么这将是一个新型的体验模式，进入电竞馆的朋友不再只是为了"玩游戏"而来，每逢举办民间电竞比赛，或者有全国性的大型电竞赛事直播，这里将会是一片欢乐的海洋。

受过专业第三方外设评测的宜博产品已不下20款。陈列室琳琅满目的产品除了人们熟知的漫威钢铁侠系列、魔蝎系列，还有机械键盘。宜博的产品几乎覆盖了所有外设用户群体，网吧的、个人的，低端、中端、高端，男性、女性，普通版、定制版，国内版、国际版都囊括在内，而平时给专业第三方外设送测的只是新款和稍微高端的产品。（如图3-8）

图3-8　宜博电竞馆陈列室

图片来源：http://www.e-3lue.com/。

外设不一定只是电竞的一部分，也可以通过自身的努力引领电竞的发展。期待宜博的全国电竞馆计划，也希望其他的品牌厂商可以从这样的一个例子中获取灵感，共同为外设圈做出贡献。

5. 中国电子竞技运动发展中心

中国电子竞技运动发展中心（CESPC）是在国家体育总局、北京市体育局和石景山区委、区政府的大力支持下，投巨资打造的国际领先、国内一流的电子竞技专业场馆。该场馆位于北京市长安街西端，地铁纵贯京城，公交线路四通八达，交通十分便利，距离天安门广场仅18千米。建筑面积12000平方米，是一座综合性体育馆，现已举办过国际台球比赛、第七届亚洲乒乓球锦标赛、CEG全国电子竞技运动会等重要赛事。

中国电子竞技运动发展中心成立于2004年12月，是经国家体育总局独家授权成立的集产业研究、产品策划、赛事运营、信息管理、职业运动员和裁判员培养认证等职能于一体的权威机构，是中国电子竞技国家队指定训练基地，中国电子竞技运动信息、研发及培训基地，中国电子竞技运动员、教练员等级考试和证书颁发中心。作为北京市打造的北京数字娱乐产业示范基地八大特色中心之一，其商业运营实体为北京华游竞界科技发展有限公司。CESPC的电子竞技专业场馆主馆为线下比赛场地，主要用于电子竞技专业比赛。

CESPC的电子竞技专业场馆副馆第一层为培训中心和产品研发中心；第二层为国际直播中心，主要用于面向全球直播电子竞技赛事。该馆集高端赛事运营、国际直播中心、专业门户网站于一体，可举办、承办国内外高低端电子竞技赛事。场馆内拥有顶级的硬件设备，百兆光纤的互联网接入速度，斥巨资打造的高清级别电视直播和视频制作设备，配备Allienware世界顶级游戏电脑。整体建筑造型现代、时尚，突显电子竞技行业的科技特点和时代特点，成为中国电竞行业的地标性建筑物。

CESPC拥有和世界知名游戏开发商、赞助商、赛事主办方、明星选手的长期、良好合作关系，以打造国际领先、中国权威的品牌赛事和网络平台，培养高水平的电子竞技选手，提供行业优质服务为目标；秉承"开拓创新、科学管理、特色经营"的原则；遵循市场规律，不断完善经营管理理念；引领电子竞技与数字娱乐相结合的多元化发展道路，推动全民电子竞技运动和中国电子竞技产业的蓬勃发展，开创国际电子竞技市场的新格局。

6. 英国最大游戏电竞馆——红牛游戏馆

红牛游戏馆（Red Bull Gaming Sphere）是红牛公司（Red Bull）推出的面向大众的游戏馆。该游戏馆位于英国伦敦肖尔迪奇，是目前英国国内最大规模的游戏馆，其目标是成为英国的游戏和电竞社区中心。（如图3-9）

第三章 电子竞技运动场地概述

图3-9 红牛游戏馆

图片来源：https://www.sohu.com/a/278158652_99934757。

红牛游戏馆里将配置所有当代游戏主机、PC及多功能VR游戏站，还有模拟赛车系统及顶级游戏专用座椅。该馆将举办各种电竞赛事和社区活动，旨在帮助英国电竞产业发展壮大。另外，该馆采用多功能设计，具有模块化设置功能，可根据不同的活动进行个性化定制。访客有机会与专业电竞选手展开研讨，也可以一对一见面或一起玩游戏。

伦敦红牛游戏馆是红牛继在日本开业的东京游戏馆（Tokyo Gaming Sphere）后的第二个新游戏馆。该公司在一份声明中表示，"我们这个场地将成为当地游戏和电竞的最大乐园，这个游戏馆也代表了红牛继续致力于为游戏和电竞社区发展提供支持的决心"。

每个玩家在电竞馆都能享受顶级的竞技配置，这是和传统网吧最大的不同，同时，玩家还能感受深厚的电竞气氛。在这里，玩家不只个人在玩，而且能够认识更多同好人士，扩大自己的电竞社交圈。

第四章 主流电子竞技运动项目概述

一、主流电子竞技运动项目类型

根据目前电子竞技运动的发展状况,可以将其分为虚拟化的电子竞技运动和虚构化的电子竞技运动。所谓虚拟化的电子竞技运动,是指现实当中存在的竞技体育运动项目,电子竞技运动项目仅是利用数字体育网络平台将这些项目虚拟化,如桥牌、FIFA 等项目。所谓虚构化的电子竞技运动,是指现实中并不存在的竞技体育运动项目,完全是利用数字体育网络平台虚构的竞技体育运动项目,如《反恐精英》《魔兽争霸》等游戏。

按照竞技能力主导因素的分类标准,可以将电子竞技运动项目进一步分类。虚拟化的电子竞技运动可以分为技能类运动项目、智能类运动项目和智能技能结合类项目。技能类运动项目主要要求运动员具有高超的手脑配合能力、快速的反应能力和娴熟的鼠标及键盘操作能力,如《极品飞车》。智能类运动项目主要要求运动员具有高超的智能,如棋牌类项目。智能技能结合类项目对运动员的智能和技能都提出了极高的要求,运动员不但要具有战略和战术思维能力,而且还必须具有高超的手脑配合能力、快速的反应能力和娴熟的鼠标及键盘操作能力,如 FIFA、NBA Live 等。虚构化的电子竞技运动可以分为技能类运动项目和智能技能结合类项目。技能类运动项目同样要求运动员具有高超的手脑配合能力、快速的反应能力和娴熟的鼠标及键盘操作能力,如《反恐精英》《三角洲特种部队》等。智能技能结合类项目对运动员的战略及战术思维能力、高超的手脑配合能力、快速的反应能力和娴熟的鼠标及键盘操作能力也有同样的要求,如《魔兽争霸》《星际争霸》等。

当前主流的电子竞技可以根据游戏类型、游戏参与人数、游戏的对抗方式等进行分类。

按照游戏类型,大致可以分为多人在线战术竞技类游戏(MOBA)、集换式卡牌类游戏(TCG)、第一人称射击类游戏(FPS)、即时战略类游戏(RTS)、格斗技术类游戏(FTG),以及多人在线模拟体育运动类游戏。

按照游戏参与人数，大致可以分为 3 类：1V1 类，如一些格斗类游戏（《拳皇》），还有一些即时战略游戏（RTS）一般也是进行 1V1 的对战等；2V2 类，如一些 RTS 类的 2V2 混战；5V5 类，如《王者荣耀》《英雄联盟》等，以及多人对战，如一些经典的 FPS 类游戏。

按照游戏的对抗方式区分，大致可以分为双方对战和多方混战等。

下面按照游戏的类型，具体介绍电子竞技项目的分类与构成。

二、多人在线战术竞技类游戏（MOBA）

多人在线战术竞技类游戏（Multiplayer Online Battle Arena，MOBA）或称作"多人在线战斗擂台游戏"，又可定义为动作即时战略游戏（Action Real-Time Strategy，ARTS），源自即时战略类游戏（RTS）。玩家被分为两队，通常每个玩家只能控制其中一队中的一个角色，以打垮对方队伍的阵地建筑为胜利条件。有些多人在线战术竞技类游戏，一个玩家可以控制 2~3 个角色，或两位玩家控制一个角色，例如《风暴英雄》中的失落的维京人、雷克萨与丘加利。

1. 《英雄联盟》

《英雄联盟》（*League of Legends*，*LOL*）是由拳头游戏开发及发行的一款多人在线战术竞技游戏。游戏以免费模式进行，并提供付费道具服务。该游戏是受到《魔兽争霸Ⅲ：冰封王座》中的 DotA 模式启发而诞生的。

在《英雄联盟》里，玩家扮演一个不可见的召唤师，并操控具有独特能力的"英雄"与电脑 AI 或真人玩家控制的角色对战。游戏的胜利目标是摧毁对方的主要基地"水晶枢纽"。在每场游戏开始时，英雄能力是较弱的，但会随着游戏进展而升级。这些升级会在下一场游戏复位。

《英雄联盟》受到玩家的普遍赞誉，在一般玩家中享有高人气。至 2014 年 1 月为止，超过 6700 万名玩家每个月至少玩一次《英雄联盟》，而每天都玩的玩家超过 2700 万；高峰时段超过 750 万人同时在线。2016 年 9 月，游戏运营方估计全世界每个月有超过 1 亿名活跃玩家。

《英雄联盟》在电子竞技的领域里有着杰出的表现。自 2011 年起，在北美和欧洲，拳头游戏分别在洛杉矶和柏林组织了《英雄联盟》全球总决赛。来自各地的十多个专业队伍在赛场上一决高下，而中国港澳台地区、韩国、南美洲等地也举办过区域赛。在 2016 年赛季的冠军战中，同时有

1470万名观众在线观看。该届的总奖金超过500万美金，冠军奖金为200万美金。

2. Dota 2

Dota 2（《刀塔2》）是一款由维尔福集团（Valve Corporation，简称Valve）开发的免费多人在线战斗竞技类游戏。2011年 Dota 2 开始在 Windows 平台上进行测试，它的前身是《魔兽争霸Ⅲ：冰封王座》中的一张自定义游戏地图。截至2013年6月，Dota 2 支持 Windows 系统、Mac OS X 系统及 Linux 系统。Dota 2 曾经是 STEAM 平台上活跃人数最多的游戏之一，最高在线人数超过120万。

Dota 2 的游戏比赛在两个队伍间进行，每个队伍有5名玩家，每个队伍都有一条优势路。每个队伍的游戏目标是摧毁对面要塞中的远古遗迹。每个玩家从113位能力、风格、技能迥异的英雄角色中选择一位进行操控。比赛时，玩家在相互对抗的过程中为各自的英雄收集金钱、经验及道具。

Dota 2 的发展开始于2009年，曾受雇于 Valve 的 Icefrog 是当时 DotA 模组的领导设计者。Dota 2 因其可玩性、产品质量及继任者对前作者的良好继承而广受好评，而其受诟病之处是游戏对新手来说比较难上手。2015年9月，Dota 2 在"起源"（Source）更新到"起源2"（Source 2）后使用该引擎，成为第一个使用这款引擎的游戏。

Dota 2 有遍及世界的专业比赛，来自世界各地的队伍在各种地区联盟举办的比赛中进行对抗。在所有专业级的锦标赛中，规模最大的锦标赛为国际邀请赛。国际邀请赛由 Valve 举办，每年一度的赛事在美国西雅图的钥匙球馆举办（2011年第一届TI邀请赛在德国科隆举办）。2015年，国际邀请赛的奖金总额超过了1800万美元，创下了电子竞技历史上奖金额最高的纪录。从2015年开始，Valve 开始举办季节性的锦标赛，被称为"特锦赛"。第一届特锦赛在德国的法兰克福举办。

3. 《风暴英雄》

《风暴英雄》（Heroes of the Storm，港台地区译为《暴雪英霸》）是一款由暴雪娱乐开发并支持 Windows 和 Mac OS 系统的多人在线竞技游戏。游戏中玩家所扮演的英雄角色大部分来自暴雪娱乐的其他4个游戏系列——《魔兽争霸》《暗黑破坏神》《星际争霸》和《守望先锋》，少部分来自《失落的维京人》。它是一款免费的在线网络游戏，匹配系统基于暴雪娱乐的战网。暴雪娱乐对其进行了限量的内测。2013年8月，这款游戏停止内测。2013 年 11 月，暴雪娱乐正式在暴雪嘉年华上宣布 2014 年上线该游戏。暴雪娱乐否认自己的游戏是 Action RTS（如 *Dota*、*Dota 2*）或者 MOBA（如《英雄联盟》）类型的游戏，因为暴雪娱乐认为《风暴英雄》不同于市面上所有竞技类游戏。2015 年 1 月 13 日，暴雪娱乐开始让玩家进行封闭内部测试。同年 6 月 2 日，《风暴英雄》正式上线并对外开放玩家下载游玩。

4.《王者荣耀》

《王者荣耀》是一款由天美工作室为安卓及 iOS 系统研发的多人在线竞技游戏，正名前曾称《英雄战迹》《王者联盟》。该游戏日活跃人数最高破 5000 万，最高同时在线人数破 500 万，总下载次数突破 2 亿次，注册用户数亦突破 2 亿。2016 年，全年收入为 68 亿元人民币，占 2016 年中国手游总收入的 17.7%。2017 年 5 月，获全球手游综合收入榜冠军。2016 年 9 月，启动《王者荣耀》职业联赛。《王者荣耀》是一款移动端 MOBA 类游戏，类似于 PC 端的《英雄联盟》、*Dota*。基本玩法是击杀敌人并与队友一起或独自摧毁敌方的水晶基地或使其投降，但细节玩法因所选模式的不同而略有不同。玩家进行游戏时需要用手指拖拽手机屏幕左下角的移动轴和点击屏幕边缘的各种按钮来操控英雄行动和释放其技能，左上角是地图，下方带有召唤师技能，采用的是类似于"双轮盘"的操作模式。

三、集换式卡牌类游戏（TCG）

集换式卡牌类游戏（Trading Card Game，TCG，或称"交换卡牌游戏"）是指使用贩售的专用交换卡片所进行的卡片游戏。在英语圈里，集换式卡牌通常也称为"可收集卡片游戏"（Collectable Card Game，CCG）。此外，还有"可改造卡片游戏"（Customizable Card Game）之称呼。

TCG 和一般的卡片游戏不同，各个玩家自由地或根据规则将卡片做变化组合（组过的卡片组称为"牌组"），为两人以上对战的游戏。原则上，牌组属于个人所有，持有者相异的卡片或牌组在游戏时不能混合使用。

一个种类的 TCG 通常有 100 种以上的卡片，并且其后发售的卡片将使得规模变得更大。一般而言，将后来贩售的追加卡片组进牌组里，会更有利于游戏。为了提升玩家强化牌组的欲望，也会举办定期的比赛。因此，玩家在新卡片发售后收集并使用这些卡片强化自己的牌组，用以打败对手。

TCG 多半会对卡片设定不同的稀有度（rarity）。游戏主干的基本效果卡稀有度低，具有强力或复杂效果的卡片稀有度高。结合了游戏性与收集性质的这种系统在商业上体现了高度的可能性，更有像后述的《万智牌》一般，设定了复杂的规则，并且举办国际比赛的 TCG。

1. 《炉石传说》

《炉石传说》（*Hearthstone*，港台地区译作《炉石战记》）是暴雪娱乐发行的一款集换式卡牌游戏。由暴雪员工 Rob Pardo 在 2013 年 3 月的 PAX 游戏展上公布。该游戏在 2013 年夏进入 Beta 测试，2014 年 1 月 24 日进入公测阶段。2014 年 3 月 13 日，欧、亚、美的 3 个服务器正式运营，中国的服务器也于 3 月 15 日正式运营。

该游戏是一款免费游戏，故事基于《魔兽》系列的世界观，玩家可以另行购买卡牌包。游戏发布时包含 300 张卡牌，额外的卡牌包可通过游戏获取，或以每包 1 美元的价格购买。但在网易代理的国服中，由于中国法律法规的限制，充值机制改为购买奥术之尘送卡牌包的形式。每个卡牌包内有 5 张对应拓展包的随机卡牌，其中至少有一张稀有卡牌（稀有/蓝色品质）。玩家可以选择 9 种职业"英雄"作为主角，类似《魔兽世界》中的职业。游戏通过暴雪娱乐的战网进行，比赛模式基于传统的 1V1 方式，玩家之间无法交易卡牌。

2. 《三国杀》

《三国杀》是主要流行于中国内地和港澳台地区的桌上纸牌游戏。该纸牌游戏以杀人游戏的纸牌版（*Bang!*）为原型，以《三国演义》《三国杀》为背景，拥有不同类型的身份牌、武将牌、体力牌、游戏牌（包括基本牌、锦囊牌、装备牌）等。游戏玩家数量为 2～10 人。《三国杀》游戏由游卡桌游（Yokagame）开发，于 2008 年 9 月 18 日在北京、上海和厦门 3 个城市同步面市。《三国杀》游戏的核心为《三国杀》标准版，可以配合各种扩展包，以增强游戏性。

《三国杀》游戏现有 4 种标准版：2008 年发售的《三国杀》标准版、2013 年发售的《三国杀》标准版（2013 年新版）、2015 年发售的《三国杀》标准版（2015 年新版）及 2014 年发售的《三国杀标准版·界限突破》。

目前，官方已发行"神话再临"扩展包（包括"军争篇""风""火"

"林""山"），由玩家设计武将组成的"一将成名""一将成名 2012""一将成名 2013""一将成名 2014""一将成名 2015""原创设计 2016""原创设计 2017"扩展包以及通过杂志《桌游志》赠送的部分"SP 武将"牌。2010 年，游卡桌游曾推出无障碍入门的"初出茅庐"版本；2014 年，游卡桌游又推出了增强武将的"界限突破"版本。

2011 年推出了新包装的标准版、"神话再临"合集及珍藏版，对游戏说明、卡牌描述进行改良，并更改了游戏牌的背面图案。2013 年推出了《三国杀》标准版（2013 年新版），其中更换了 3 名武将的技能与插画，并新增了两名新武将。

2012 年通过代理商在台湾地区发售了繁体中文标准版，同年 7 月发行"国战"版本。其在线游戏版本为《三国杀 Online》。

3.《万智牌》

《万智牌》（*Magic：the Gathering*，*MTG*）是一种集换式卡牌对战，设计者为李察·加菲（Richard Channing Garfield），由威世智公司（Wizards of the Coast）出品，第一个系列出版于 1993 年。在进行游戏时，双方各用一套卡牌进行，也可以 3 人或 4 人以上进行游戏。

目前，《万智牌》在中国的代理由上海瑞俊贸易发展有限公司的万智牌事务部负责；2005 年以前，台湾地区由尖端出版代理，2005 年后则由威世智公司直营，相关最新信息可前往官方网站浏览。《万智牌》于 2002 年推出在线版《万智牌 Online》（*MTGO*），目前只有英文版。威世智内部工作室"Magic Digital Studio"在 2017 年 9 月推出 *Magic：The Gathering Arena*。

4.《部落冲突：皇室战争》

《部落冲突：皇室战争》（*Clash Royale*）是由芬兰游戏公司 Supercell 推出的，以《部落冲突》的角色和世界观为基础，加入即时策略、MOBA 及卡牌等元素的手机游戏，于 2016 年 1 月 4 日在 App Store 发布。

在游戏中，玩家需通过不断开启宝箱获取卡片的方式来增强自己的战斗力，进而与其他在线的玩家进行匹配战斗。随着奖杯提升，开启不同场地的竞技场。北京时间 2016 年 6 月 24 日，腾讯公司联合 Supercell 正式对外宣布，《部落冲突：皇室战争》将于 7 月 4 日登上腾讯平台，新增微信/QQ 登录，其他均不改变。

四、第一人称射击类游戏（FPS）

第一人称射击类游戏（First-Person Shooter，FPS）是以玩家主视角进行的射击游戏。玩家从显示设备模拟出主角的视点中观察存在的物体并进行射击、跳跃、对话等活动，整个游戏过程主要使用枪械或其他远程武器进行战斗。

1.《反恐精英》

《反恐精英》（*Counter-Strike*，CS，港台地区译为《绝对武力》）是一款以团队合作为主的第一人称射击类游戏，于 1999 年作为维尔福所开发的游戏《半条命》的模组被推出。由于深受玩家的喜爱，2000 年由维尔福购得版权，开发为独立游戏，并且聘用原开发者 Minh Lee 与 Jess Cliffe 继续参与游戏的后续开发。

Gamespy 指出，《反恐精英》为备受欢迎的《半条命》衍生游戏。《反恐精英》的续作是《反恐精英：零点行动》《反恐精英：起源》和《反恐精英：全球攻势》。

2.《荒野行动》

《荒野行动》（*Knives Out*）是网易游戏公司开发的一款第三人称射击游戏，在台湾地区由龙邑科技代理发行并分级为辅 12 级，最初是在智能手机上运行，支持安卓和 iOS 系统，后来移植到 Windows 平台上。游戏本身可以在官方网站、Google Play 和苹果 App Store 等应用程序在线发布平台上免费下载，在游戏中还可通过充值来购买时装等付费内容。此游戏的玩法与韩国电子游戏开发商蓝洞公司所开发的《绝地求生：大逃杀》很相似，属于大逃杀游戏，俗称"吃鸡类游戏"。

3.《使命召唤》

《使命召唤》系列（*Call of Duty*，COD）是由美国动视（Activision）推出的一系列第一人称射击游戏。《使命召唤》为该系列的第一款作品，游戏使用了与《雷神之锤Ⅲ》相同的引擎 id Tech 3，故事背景为第二次世界大战。该作由 Infinity Ward 开发，由美国动视发行。《使命召唤 2》（*Call of Duty 2*）为该系列的第二款作品，同时也是主线系列第一集《使命召唤》的故事延续，背景同样为第二次世界大战。玩家在游戏中会以苏联红军、美国游骑兵及英国陆军第 7 装甲师的角度进行游戏。该作同样推出了手提电话、Pocket PC 及智能手机版本。

4.《守望先锋》

《守望先锋》(*Overwatch*，港台地区译作《斗阵特攻》) 是由暴雪娱乐开发并发行的一款多人第一人称射击游戏，于 2016 年 5 月 24 日在 Windows、PlayStation 4 和 Xbox One 平台上发行。

《守望先锋》把玩家分为两支队伍，每队为 6 人、3 人、1 人或 5 人。不同模式有不同的队伍人数。玩家可从几个预定英雄人物中选择，每个英雄有自己独特的属性和技能。这些英雄分为突击型、防御型、重装型和支援型 4 类。队员合力保护并捍卫地图上的控制点，或在有限时间内护送载具到达指定地点。玩家获得的诸如人物造型和胜利姿势等装扮不会影响游戏。

《守望先锋》于 2014 年暴雪嘉年华首次亮相，并在 2015 年年末至 2016 年年初封闭测试。2016 年 5 月的公测吸引了超过 970 万玩家。游戏发行时还用短动画视频进行宣传，动画视频介绍了游戏的故事和每个人物。根据评分汇总网站 Metacritic 的统计，该游戏获得普遍好评。2016 年 5 月游戏发售后，两周内正式版玩家数即达到了 700 万人。

五、即时战略类游戏（RTS）

即时战略类游戏（Real-Time Strategy，RTS）是战略游戏的一种。顾名思义，游戏的过程是即时进行而不是采用回合制。通常，标准的即时战略类游戏会有资源采集、基地建造、科技发展等元素。在玩家指挥方面，即时战略类游戏通常可以独立控制各个单位，而不限于群组式的控制。

一个常见的误解是认为只要是即时的战争游戏就算是即时战略类游戏。其实，即时战略类游戏在真正意义上（或狭义上）的认定是比较严格的。即时战略类游戏的战略（strategy）谋定过程必须是即时的。如果一款战争游戏只有战斗时采取即时制，而在采集、建造、发展等战略元素则采取回合制，那就不能算是即时战略类游戏。另外，如果该游戏完全没有上述的战略元素，那也只能算是即时战术游戏。

1.《魔兽争霸》

《魔兽》系列（*Warcraft*）是由暴雪娱乐所发布的一整套包括长篇小说、电子游戏及基于其他媒介的跨媒体系列作品。该系列由 4 款核心游戏

(《魔兽争霸：人类与兽人》《魔兽争霸Ⅱ：黑潮》《魔兽争霸Ⅲ：混乱之治》《魔兽世界》）和一款卡牌游戏（《炉石传说：魔兽英雄传》）组成。前3款都是即时战略类游戏，对阵双方的玩家需要控制一整支虚拟队伍进行对战，最后的一款则是大型多人在线角色扮演游戏（MMORPG）游戏。除《魔兽争霸：人类与兽人》之外的其他游戏版本都有资料片，资料片中通常包含了新的内容以延长游戏寿命。《魔兽争霸Ⅱ》的资料片是《魔兽争霸Ⅱ：黑暗之门》，《魔兽争霸Ⅲ》的资料片是《魔兽争霸Ⅲ：冰封王座》，《魔兽世界》的资料片有《燃烧的远征》《巫妖王之怒》《大地的裂变》《熊猫人之谜》《德拉诺之王》和《军团再临》。

玩家最初先进入《魔兽争霸：人类与兽人》的艾泽拉斯。在这个世界中存在着一个名为"扭曲虚空"的地方。在此《魔兽》系列的历史里，荒芜的世界，魔法门被打开了。众所周知，世界上包含艾泽拉斯、德拉诺、阿古斯、卡瑞许及克索诺斯。

《魔兽》系列的前3款游戏及其资料片都是在Windows和Mac OS平台发布的。这3款都是RTS游戏，每一部的剧情都承接上一部，而且会推出新功能，以提升游戏可玩性。《魔兽争霸Ⅲ》是该系列第一部开始有典藏版的版本，之后所有续作都有典藏版。《魔兽争霸Ⅱ》是该系列第一部支持在战网上游戏的版本。《魔兽争霸Ⅱ》也是系列中第一部以"Battle合集"（Battle Chest）形式重新发售的版本，合集是包含游戏原版和资料片的捆绑版。《魔兽争霸Ⅲ》和《魔兽世界》在初版发布之后也都有相应的"Battle合集"。《魔兽争霸Ⅱ》的"战网"版是系列中率先引入CD key验证的版本，用户必须购买游戏拥有自己的CD key才能连接到战网进行游戏。不过，局域网对战并不需要CD key，虽然当时的猜测是以后的游戏都会如此，但暴雪娱乐的另一款系列游戏《星际争霸Ⅱ》中完全取消了局域网对战功能，只能通过战网进行游戏。

2. 《星际争霸》

《星际争霸》（*StarCraft*，港台地区译为《星海争霸》）是由暴雪娱乐公司制作发行的一系列战争题材科幻游戏。游戏系列主要由Chris Metzen与James Phinney设计开发。游戏的剧情发生在26世纪初期位于遥远的银河系中心的克普卢星区。剧情讲述了3个种族之间的斗争，包括来自地球的人类、神秘而强大的星灵以及异形异虫。1998年，《星际争霸》发行，随后便产生了一大批衍生产品，包括8部相关题材的小说、一款桌上游戏

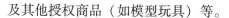

及其他授权商品（如模型玩具）等。

暴雪娱乐于 1995 年开始着手设计《星际争霸》系列游戏。这款游戏首先在 1996 年的电子娱乐大展（E3 Expo）上展示，并最初采用了《魔兽争霸Ⅱ》的游戏引擎。《星际争霸》同样使暴雪娱乐建立了影片制作部门，最初用以在《星际争霸》的故事主线中插入一系列过场电影短片。

1998 年《星际争霸》发行之后，大部分《星际争霸》开发人员继续进行了其官方资料片《母巢之战》（Brood War）的开发。2001 年，《星际争霸：幽灵》开始由 Nihilistic Software 领导开发。不同于先前的即时战略类系列游戏，这是一部动作冒险游戏。然而在 2004 年，制作方宣布无限期推迟《星际争霸：幽灵》项目。《星际争霸Ⅱ》于 2010 年 7 月 27 日发行。《星际争霸Ⅱ》首部资料片《星际争霸Ⅱ：虫群之心》则于 2013 年 3 月 12 日发行。《星际争霸Ⅱ》最后一部资料片《星际争霸Ⅱ：虚空之遗》在 2015 年 11 月 10 日发行。与《星际争霸Ⅱ：自由之翼》以及《星际争霸Ⅱ：虫群之心》不同的是，这次《星际争霸Ⅱ：虚空之遗》在中国内地的发售与全球战网服务器的时间同步。2017 年 8 月 14 日，《星际争霸》及《星际争霸：母巢之战》资料片高清重制版正式发售。

原版《星际争霸》及其资料片在发行初期即备受好评，仅 1998 年即售出了 150 万套，是当年销量最好的 PC 游戏；10 年间，其总销售量超过 950 万套。部分评论媒体将其视为史上最为杰出和重要的游戏之一，并肯定它为即时战略类游戏发展做出的贡献。这一系列的游戏吸引了全世界众多的玩家，特别是在韩国，职业选手及战队的对抗会进行电视转播，收视率很高。

六、格斗技术类游戏（FTG）

格斗技术类游戏（Fighting Game，FTG）是电子游戏类型之一，玩家操纵屏幕上自己的角色和对手进行近身格斗。这些角色一般被设计成实力均衡，并不像一般动作角色扮演游戏有等级或装备等差异。己方和敌方角色在某个舞台以数个回合较劲。玩家必须精熟诸如防御、反击、进行连段攻击等操作技巧。格斗技术类游戏以双方同等人数的 PVP 对抗为主，PVE 模式只用于让玩家练习 PVP 技巧，并不会实质增加角色强度。格斗技术类游戏对打击回馈有一定要求，通常不会有被敌方成功攻击后己方无反应或成功攻击敌方，敌方却无反应的情况发生（技能无敌、霸体效果除外），进而考验双方先后手、格挡、闪避、使用招式的技巧。

格斗技术类游戏对双方动作的应对和判断的要求比大多数的动作游戏要高，如招式相杀、攻击判定高低、防御、投技、格反等技巧判定，因此，格斗技术类游戏对防御或闪避等避免让自己损失生命值的技巧都设计成无冷却但有防御条或其他限制方式，以保证格斗游戏的流畅度，并维持其高技术性需求。

攻击方式也是同理，攻击动作通常不会有冷却时间的条件，而是用能量条来加以限制，但也是有例外。而加入冷却时间的动作，该动作进入冷却时间后使用，但会有使用"失败动作"的动作作为惩罚（如枪会显示开枪动作，但没有子弹射出），以保证格斗游戏的流畅度并维持其高技术性需求。

格斗技术类游戏专门为一对一或二对二等双方同等人数所设计，此外，其要求公平性和招式放出技巧的烦琐性。一般动作游戏内建PVP功能，则不被视为格斗技术类游戏。如《三国无双》《地下城与勇士》等动作类游戏虽然有PVP功能，但不归入格斗技术类游戏，因为其设计为有成长要素，且动作设计上为一对多，不符合格斗技术类游戏的设计要求。

最早以拳头格斗为特色的游戏是1976年的街机游戏《重量级拳王》，但1984年的街机游戏《空手道》将该类型推广为一对一武术对战游戏。1985年的《功夫》的特色在于敌手会使用不同的打斗方式，《截拳道》则更进一步在家用主机上普及了该游戏类型。1987年的《街头霸王》（日语：ストリートファイター，英语：*Street Fighter*）引进了隐藏的特殊攻击。1991年，日本CAPCOM公司成功的作品《街头霸王Ⅱ》问世，改进了格斗技术类游戏，并使该类游戏的许多常规通俗化。随后，格斗技术类游戏在20世纪90年代早期至中期成为竞技电子游戏的卓越类型，尤其是在街机平台。这时期产生了大量热门的格斗技术类游戏，除了《街头霸王》之外，还有《拳皇》《真人快打》《VR战士》和《铁拳》。

1.《街头霸王》

《街头霸王》（日语：ストリートファイター，英语：*Street Fighter*，台湾地区译为《快打旋风》）是由日本CAPCOM公司于1987年推出的街机平台格斗技术类游戏，其后推出后续版本，是一个流行的格斗技术类游戏系列，也有日本制作的同名动画片及美国制作的同名真人电影。《街头霸王》

普遍被认为是两人对打格斗技术类游戏的始祖之一。当时街机游戏平台仍以射击或动作等单人游戏为主要产品，两人对打的电动游戏并不多见。2017 年，《街头霸王》系列的累计销售量达到 4000 万套。

2. 《拳皇》

《拳皇》（日语：ザ・キング・オブ・ファイターズ，英语：*The King of Fighters*）是日本 SNK 电子游戏公司于 1994 年开始推出的格斗游戏系列，除《拳皇》原创角色之外，也集合了过往《饿狼传说》《龙虎之拳》等大作的角色，令《拳皇》的出场人物非常丰富，之后成为日本最知名的格斗游戏之一，几乎每年推出一部，并以相应的年份命名。2002 年 SNK 破产后，《拳皇》系列由取得 SNK 所有知识产权的 SNK Playmore 继续制作。2004 年，SNK Playmore 宣布新的《拳皇》正统系列将不再以年份命名。另外，在各家用主机上也推出了一些外传性质的作品及街机移植版。

当时，以 R-TYPE 系列闻名的 Irem 正从街机业务撤退，SNK 接收了其开发人员，所以在美术上呈现不同以往的风格。在爆炸和燃烧的效果上更加华丽，带有浓厚的 2D STG 色彩。角色身材比例修长，用色清新，摆脱了过往"肌肉猛男搭配灰暗世界观"的 20 世纪 80 年代美学，其时尚的造型更是吸引了许多女性爱好者。该游戏在东亚及拉美有极高的人气，在日本曾被认为是与《街头霸王》系列齐名的两大平面格斗游戏系列，其影响持续至今。2010 年推出的《拳皇'XIII》在欧美地区有很大的反响，其中以法国的反响最大，家用游戏机版发售后即入选欧美最大格斗技术类游戏赛事 EVO 比赛项目，并在 2013 年以排名第二的得票数再次入选 EVO。

七、多人在线模拟体育运动类游戏

体育类游戏（或称"运动类游戏"）是一种让玩家模拟参与专业的体育运动项目的电视游戏或电脑游戏。该游戏类别的内容多数以知名度高的体育赛事（如美国职业篮球联赛、世界杯足球赛）为蓝本。

多数受欢迎的体育运动会被收录成为游戏，包括足球、篮球、网球、高尔夫球、美式橄榄球、拳击、赛车等。大部分体育类游戏以运动员的形式参与游戏。

1. FIFA

FIFA 是一个非常流行的足球类电子游戏系列，由美国艺电公司

(Electronic Arts，EA）旗下的 EA Sports 发行。自 1993 年年末发行第一个版本 *FIFA 94* 以来，EA Sports 每年都会在欧洲各国联赛新赛季开始前发行新版本，每逢有世界杯和欧锦赛的年份，还会发行世界杯和欧锦赛版本。与 EA Sports 的其他游戏，如 *NFL* 系列和 *NHL* 系列等不同的是，*FIFA* 系列是它所在的游戏领域的后来者。*FIFA 94* 刚发行时，足球游戏市场中已经有了 *Sensible Soccer*、*Kick off* 和 *Matchday Soccer* 等自 20 世纪 80 年代后期就开始占据市场的知名游戏。不过在此时，EA Sports 已经意识到了 *FIFA* 系列将会成为他们的又一棵摇钱树。

2. *NBA Live*

NBA Live 是一款以美国职业篮球联赛（NBA）为主题的电子游戏系列。由 EA 加拿大公司研发，EA Sports 发行。主要的竞争者有 Take-Two 开发的 *NBA 2K* 系列。

这个游戏的最早版本是根据 NBA 季后赛设计的，名为"Lakers versus Celtics"，即当时 NBA 东、西两大联盟的强队洛杉矶湖人队与波士顿凯尔特人队的竞争，于 1989 年推出。该系列早期推出各版本见表 4-1。

表 4-1 *NBA Live* 系列早期各版本及推出年份

年份	游戏名称（英文）
1989	Lakers versus Celtics
1991	Bulls versus Lakers
1992	Team USA Basketball
1993	Bulls versus Blazers
1994	NBA Showdown 94

而 1995 年开始，游戏系统正式命名为 *NBA Live*。2010 年起，游戏名称改为 *NBA Elite 11*。但由于试玩版出现"耶稣事件"，使得 *NBA Elite 11* 的 PS3/Xbox 360 版的发售计划被取消，游戏仅在 iOS 平台发售。2011 年，EA 并没有发布新版本的 NBA 游戏。

2012 年，EA 又把游戏名称改回 *NBA Live*，并且计划推出 *NBA Live 13*，让 *NBA Live* 系列卷土重来，但由于受到老对手 *NBA 2K13* 的冲击，*NBA Live 13* 的上市计划被取消。

2013 年 11 月，EA 带着 NBA Live 系列的新作品 NBA Live 14 重新归来。游戏率先在北美区上市，于 Xbox One 和 PlayStation 4 平台运作。但作为 NBA Live 系列的最新作，NBA Live 14 的表现并不理想，IGN 仅仅给此部作品打出 4.3 的低分。虽然后续的 NBA Live 15 和 NBA Live 16 有些许进步，但评价和销售量依然不如 NBA 2K15 和 NBA 2K16。

2016 年 5 月，EA 宣布，NBA Live 17 将延期至 2017 年推出，打破以往该系列于 NBA 赛季开季之前推出的传统。同时，项目负责人 Sean O'Brien 表示，他们会在当年晚些时候推出 NBA Live Mobile。然而，直到 2016—2017 NBA 赛季结束，NBA Live 17 并没有被推出，EA 也没有发布任何有关 NBA Live 17 的消息。

2016 年 7 月 6 日，EA 意识到了 NBA 2K16 手机版失去了部分市场占有率，于是将 NBA Live Mobile 上架到全球市场（除中国内地和港澳台地区，以及日本）。在该游戏推出的 6 个小时内，下载量名列第一，并且在 iTunes 首页上被推荐一次，有可能会改变以往 NBA Live 系列在与 NBA 2K 系列的竞争中总是处于劣势的局面。虽然是在 NBA 休赛期间推出，但 NBA Live Mobile 还是成功地吸引了玩家。该游戏也在同年的 11 月 1 日于中国港澳台地区和日本上架，推出亚洲区版本。

2017 年 6 月，EA 在 E3 大展开幕前夕举办的 EA Play 记者会中，正式发布 NBA Live 18。该作与以往一样，只登录 PS4 和 Xbox One 平台，并且于同年 8 月 11 日推出试玩版。

3.《实况足球》

《实况足球》（Pro Evolution Soccer，PES）是由日本科乐美公司（KONAMI）制作开发的一款足球游戏，于 1996 年正式发行。

《实况足球》是为了满足广大足球爱好者和球迷的需求，精心打造的一款 3D 游戏。游戏画面效果逼真，操作简单，深受广大足球爱好者和球迷的喜爱。

游戏以 11 人制足球运动为背景，玩家实时操控整队虚拟球员达到控制比赛，赢得比赛的目的。1995 年 7 月 21 日，首款作品《J 联赛实况胜利十一人》开始销售。这标志着《实况足球》真正诞生。当时科乐美的体育游戏只有《热舞革命》（DDR）比较受玩家追捧，而像《实况足球》这样的足球游戏，由于科乐美自身的技术及经验不足，并且由于机能的限制，一开始并没有受到喜好体育游戏的玩家的广泛关注。但是此作在两个方面为后来《实况足球》系列的成功打下了基础。其一就是 3D 建模。此作首次引入了 3D 建模，使整个游戏看起来与现实更加接近。其二就是整体比赛框架。足球游戏讲究的是节奏，但当时 EA 出品的 FIFA 系列讲究的是畅快的体验感，不太重视比赛的节奏。而科乐美则非常明智地选择了一种可以展现真实足球的手法来制作这样一款足球游戏，并取得了很好的效果。

第五章　主流电子竞技项目基础知识

电子竞技（eSports）是指使用电子游戏来比赛的体育项目。随着游戏对经济、社会影响力的不断增大，电子竞技正式成为体育竞技的一种。电子竞技就是电子游戏比赛达到竞技层面的活动。电子竞技运动就是利用电子设备（电脑、游戏主机、街机）作为运动器械进行的、操作上强调人与人之间的智力和反应对抗的运动。

电子竞技运动项目主要可分为两大类：①比胜负的对战类（第一人称射击类、即时战略类、运动类、卡牌对战类），如《反恐精英》、《英雄联盟》、《虚荣》、Dota 2、《星际争霸》、《魔兽争霸》、《实况足球》、NBA 2K系列、《守望先锋》、《部落冲突：皇室战争》、《传说对决》、《彩虹六号：围攻》、《炉石传说》、《绝地求生》等；②比分数的休闲类（竞速类、音乐类、益智类），如《极品飞车》《节奏街机》《俄罗斯方块》等。

一、多人在线战术竞技类游戏基础知识

电竞是新兴产业，一般大众对其所知甚少，也缺乏入门渠道。电竞圈有不少独有的专业用语，但每个游戏又有自己独特的术语，下面列出较基础、运用比较广泛的电竞相关名词，让不熟悉电竞的群众可以一窥究竟。一般的多人在线战术竞技类游戏的专业术语也有一些共性和特性。表5-1是多人在线战术竞技类游戏的一些共性术语。

表5-1　多人在线战术竞技类游戏的一些共性术语

术语	解释
tank	肉盾，指护甲高、血量多，能够承受大量伤害的英雄
DPS	damage per second，每秒的伤害，特指能够对敌人造成大量伤害的英雄
gank	"gangbang kill"的缩写，游戏中的一种常用战术，指两个以上的英雄并肩作战，对敌方英雄进行偷袭、包抄、围杀。通常是以多打少，又称"抓人"
stun	带有眩晕效果的技能的总称，也指打断对手持续性施法和施法动作的打断技

续表 5-1

术语	解释
solo	一条线路上一个人，指英雄单独处于一路兵线上与敌人对峙，经验高，升级速度远超其他两路
AOE	area of effect，效果范围，引申为有范围效果的技能
补刀	指对血量不多的小兵造成最终一击的技术，也就是攻击小兵最后一下，获得小兵的金钱。也可指对英雄做最后一击，获得金钱
KS	kill steal，指专门对敌方英雄造成最后一下伤害，获得金钱和杀人数，而实际上，对这个英雄的伤害多数是由队友造成的。又称"抢人头"
兵线	指双方小兵交战的线路位置
对线	指己方英雄和敌方英雄在兵线附近对峙
控线	高手们通过技能和补刀，让兵线停留在自己希望的地方
推线	运用技能或者高攻击，快速消灭敌方小兵，并带领己方小兵威胁或摧毁敌方防御塔
清兵	farm，又称"刷兵打钱"。运用技能或者高攻击，快速消灭敌方小兵，获取金钱
沉默	可以移动，能够进行物理攻击，但不能使用技能
禁锢	不能移动，能够使用技能，但不能进行物理攻击
眩晕	不能移动，不能攻击，不能使用技能
英雄技能	英雄控制者（玩家）自己可以选定的技能，和使用的英雄无关
技能	英雄一共拥有 5 个技能——1 个英雄专属的被动技能、4 个英雄普通技能。普通技能的 4 个施放键对应为 Q、W、E、R。其中，前 3 个技能最高 5 级；最后一个 R 键技能为大招，最高 3 级
ULT	大招，R 键技能
物理攻击	普通攻击，简称"物攻"
魔法攻击	技能攻击，简称"法伤"，英文简写为"AP"
护甲	物理防御，减免受到物理攻击的伤害

续表 5-1

术语	解释
魔抗	魔法防御，减免受到技能攻击的伤害
CD	cool down，技能冷却时间，即技能再次释放所需要的时间。在 CD 中的技能无法使用
buff	杀死特定的野怪后获得增益魔法，持续一段时间后消失。若持有 buff 的同时被杀死，那么敌人将获得这个 buff 的增益效果
假眼	岗哨守卫，隐形，可以显示周围的区域
真眼	真视之眼，隐形，可以显示周围的区域，并且可以侦测隐形
超级兵	在己方兵营被摧毁后，敌方会生产超级兵，拥有非常高的攻击力和防御力、非常多的血量，在己方兵营重建后敌方会停止生产超级兵

二、集换式卡牌类游戏基础知识

不同游戏之间的共性专业术语一般较少。集换式卡牌类游戏有很多个性的专业术语，下面通过几个典型的集换式卡牌类游戏来了解卡牌类游戏的一些专业术语。（见表 5-2）

表 5-2 集换式卡牌类游戏专业术语

术语		解释
牌组类型	激进（aggro）	这个牌组的目的是尽快结束游戏，所以它的构筑方式通常是直截了当的。当然，激进牌组并不只是代表了大量的低费随从和快速攻击的节奏，激进流也有大牌的激进打法和生物快攻，高费牌组依然可以这么打。它们的思路都是前期确立优势，然后通过自己的牌来扩大优势。冰风雪人就是一个很好的高费激进的例子，因为它往往是 4 回合时最强的生物
	控制（control）	《炉石传说》中非常热门的牌组。控制牌组的思路是通过不断击杀对方随从来保证自己的存活，为自己的后期创造机会。通常控制牌组都有一个在后期足够强大的生物来获得胜利，如拉格纳罗斯、伊瑟拉、加拉克苏斯等

续表 5-2

	术语	解释
牌组类型	中速 （midrange）	许多被定义为控制的牌组实际上属于中速牌组。其实这个分界线并不是特别明显，但是两个牌组还是有不同之处的。中速牌组在打法上锱铢必较，一定要用最小的代价换来最大的收益，最好的例子就是银色指挥官和其他可以提供 buff 的生物。如果牌组是通过这些获得优势的，那么牌组就是中期牌组。如果想赢，碰到激进牌组的中期牌组就是控制牌组，碰到控制牌组就是激进牌组 补充：中期牌组之所以与控制牌组混淆得这么厉害，主要是因为中期牌组也是以更强的生物和技能来控制对手的
	连招牌组 （combo）	这是最难的一个类型，因为许多连招在面世之前就被设计师扼杀了。有两种连招牌组：关联连招和非关联连招。非关联连招在《炉石传说》里比较少见，大概内容就是如果有 X + Y + Z，就代表已经赢了 补充：由于《炉石传说》在对手的回合里自己无法行动，不会有任何非关联连招会继续开发出来。使用这套牌的玩家必须考虑什么时候使用最安全，因为对手肯定随时准备了法术反制
	激进—控制 （aggro-control）	激进牌组的长处在于可以不断应对小的威胁。这个牌组比纯激进稍微慢一些，但是对于大多数打法都有自己的应对方式。可以看到许多有武器的职业选手选择这个打法，他们可以用随从制造伤害，自己用武器去控场。许多牌组都被定义为"控场打法"，因为激进和控制就是它们的主题。它们的目标是控制场上，然后为自己争取更有利的交换形势
	节奏 （tempo）	节奏是最难构筑的一类牌组。节奏牌组是依靠手牌优势进行的，它的目标是快速地放出 1~2 个威胁点（《法力浮龙》就是极好的例子），此后就不断阻止敌人。节奏牌组会携带一些如冰冻陷阱或者冰霜新星，虽然这些牌永远带不来手牌优势，但是如果能为法力浮龙争取到 1~2 个回合的时间，那么它就起作用了

续表 5-2

术语		解释
通用术语	清场 (board wipes)	烈焰风暴或者神圣新星这种可以对多个目标造成伤害的牌被称为"清场"，许多炉石玩家将其叫作 AOE。但是以卡牌类游戏的规矩来说，因为不存在 A（area），所以称为 AOE 并不是很严谨。可以把冰锥术或者爆炸射击称为 AOE，但是最好把它们叫作"多目标移除"
	返回 (bounce)	意思是让一个随从返回其拥有者手里，这是许多节奏牌组使用的机制。记住这会带来手牌劣势，反弹比击杀一个随从要差好多，因为对手会多一张手牌。这么做的时候要小心点
	灼烧 (burn)	对 X 造成 Y 点伤害。同时也有"杀掉它"或者"达到"这样的说法。这是激进牌组常用的手段，如果把血量打到足够低了通常会这么做
	咒语 (cantrip)	任何带有"抽一张牌"效果的牌，这些牌明显不错，因为它们以自己换了一张新的牌，所以可以获得手牌优势
	时钟 (clock)	这虽然比较少见，但比较重要。"时钟"的意思是距离威胁还有多远。比如场上全空，只有 12 点血，那么，一个银色指挥官就是一个持续 3 回合的时钟。这对于激进和节奏牌组来说很关键，对控制牌组来说也很重要，因为选手会考虑"我现在遇到几个时钟/我受到了怎样的压力？"
	曲线 (curve)	或称"法力曲线"，也就是一个牌组的法力消耗分布图。这个对于激进牌组来说最为重要，但是每个牌组都要注意。激进牌组要让自己的法力曲线更低。控制牌组要让自己的法力曲线更加靠后，以提高后期能力
	过滤 (filtering)	过滤的意思是选择需要的牌，有点类似咒语（cantrip），但是可以通过正确的牌获得巨大的优势，这是一个很强的机制，许多连招牌组和部分控制牌组都会使用，比如追踪术
	出手 (going off)	指连招牌组出手的那个回合
	协同 (synergy)	此处的"协同"并不是指连招之间的协作。连招是获得游戏胜利的牌，比如猎人的放狗一波。这些牌之间存在着协同作用。比如一个可以激怒的随从配合残忍的监工可以产生协同作用

续表 5-2

术语		解释
更复杂的概念	打脸 Vs 控制	这是卡牌游戏 1V1 里最重要的一个概念
	香草测试	许多《万智牌》玩家使用的一个测试。它的规则是"如果移除一张牌的文字效果,那么这种牌的效果如何"。破碎残阳祭司就是一个很好的例子
	手牌优势	这是经常讨论的一个术语,但是对于它的描述并不是每次都准确。最有争议的例子就是工程师学徒,当使用这张牌的时候,是一张换一张的
	预期价值	这是许多游戏中都存在的术语,在卡牌游戏里使用最多。它是根据对手的反应做出的判断

三、第一人称射击类游戏基础知识

一般的第一人称射击类游戏也有一些共性的专业术语和个性的专业术语。(见表 5-3)

表 5-3 第一人称射击类游戏专业术语

术语	解释
吃鸡	获得最终胜利。由"chicken dinner"翻译而来,也就是"大吉大利,晚上吃鸡"
落地成盒	玩家死亡后尸体会变成带装备的盒子。跳伞落地后很快就死去,俗称"落地成盒"
落地拳皇	玩家们跳伞落地后,都没有枪,相遇时就要比拼拳头的威力,所以在拳战中获胜的玩家通常被称为"落地拳皇"
伏地魔	趴在地上会大大降低被其他玩家看到的概率,特别是趴在难以辨认的掩体里或者穿上吉祥服之类的衣服。此类经常趴在地上的玩家被称为"伏地魔"
打野	跳伞跳到野外资源稀少的乡村城镇,四周无车,在野外进行艰难的生存挑战,统称为"打野"

续表 5-3

术语	解释
幻影坦克	这个名字源自即时战略游戏《红色警戒》中一种可自动变幻为树木躲避攻击的坦克。到了"吃鸡"类游戏里面，躲在灌木丛中蹲守如幻影坦克般的玩家以此自称
98K	游戏中 Kar 98K 狙击枪的简称。这把枪在游戏出现的概率高，子弹容易找，性价比一流，深受高手喜爱
过桥费	"吃鸡"中的一种独特玩法，把一辆车横在桥头，然后自己守在附近拦截过桥玩家。这种玩法后来则被称为"收过桥费"
苟住	通常出现在混排当中，如果其中一个队友被对手打伤，其他的队友经常会在语音中要他"苟住"。这是让残血队友坚持住，支援马上就到的意思
送快递	一个玩家搜刮了大量资源，正踌躇满志地去杀人却被对手轻易杀掉，装备留给了对手。此类行为被戏称为"送快递"。可以由此衍生出"收快递"和"顺风快递"等
穷吃鸡，富快递	有的玩家资源非常少，全程苟住，却吃到了鸡；而有的玩家一身极品装备却很快就死了，成为"快递"。俗称"穷吃鸡，富快递"
潜水艇	开下水的车，就变成了潜水艇。和蛙人不同的是，在潜水艇里，可以在水下自由地射击、打仗
钓鱼执法	在进门或楼梯口附近放上一个医疗包、医疗箱等，蹲在旁边卡个视野（借助游戏机制，站在对手附近，但不被发现的地方），等待一个埋头捡"快递"的"有缘人"
车库伏兵	偷偷潜入各大城市、港口小镇和交通要道的车库，等待揽件完毕赶来取车的金牌快递员
快艇奇兵	潜伏在快艇的外侧，等待前来登船的快递员。等他们上船的时候也一起上，让对方分不清是敌是友
诱敌深入	佯装不敌，假意撤退，诱敌深入，伏击来敌
调虎离山	一般采用载具，如开车杀到楼房射击盲区一侧假意攻楼，佯攻不进，然后由一名队员驱车假意撤退，其余队员静守在楼下，等待敌人出击

续表 5-3

术语	解释
苦肉计	击倒一名敌人以后，立即停止朝倒地的敌人射击，等待对方的队友前来救援，不必急于补刀。如果有消音器，可以朝倒地的敌人附近射击，造成一种打不到他，救他没有危险的错觉。等他的队友过来救人，再进行击杀
反间计	楼下被敌人包围，和队友被困在楼上的时候，首先卡住楼梯，静待时机。当屏幕下方出现击杀刷屏的时候，胡乱开枪，各种枪都打几发，造成一种房子里面不止一队人并且在火拼的假象，配合屏幕左下方刷屏。这时外面的敌人可能就会趁机冲进来坐收渔翁之利，或者等到枪声结束，他们会以为楼上的人所剩无几，正在"舔包"，然后强攻上来
揽件	搜索收集物资的过程
安全区	安全区的存在是为了逼迫玩家们跑起来，让他们不得不对拼。因为很多新玩家会以为只要躲起来，或许就能活到最后。但安全区的存在让新玩家这个美梦破灭。安全区是随机规划的，如果不在安全区，就必须跑起来。否则，缩小安全区的时间一到，如果还没进安全区，就会被毒死
跑毒	在安全区外，就必须跑起来，跑进安全区。此过程称作"跑毒"
天命圈	指的是安全区刷在玩家所在的地方
天谴圈	跟天命圈相反，安全区不在玩家这边，甚至离玩家很远

四、即时战略类游戏基础知识

即时战略类游戏专业术语见表 5-4。

表 5-4 即时战略类游戏专业术语

术语	解释
AA	指"对空"，通常用来指能够攻击空中目标的单位，以及那些专门用来歼灭飞行部队的单位。如巨魔猎头者、弓箭手、火枪手、地穴恶魔

续表 5-4

术语	解释
abuse	滥用某种容易取胜的战术和部队。例如，某人突然发现一种可以充分利用娜迦女海巫的魔法盾的战术，而且连着多场比赛每场都用，就可能被其他玩家称为"abuse"
aim	用来快速通知盟友集中攻击某个特定的单位。通常指的是野外生物或英雄的等级。例如，有两个 5 级、一个 6 级和一个 2 级的野外生物，"aim 6"的意思就是攻击那个 6 级的野外生物
air	指所有的飞行部队。如双足飞龙、石像鬼、角鹰兽和矮人直升机。通常按照单体的威力分为轻型和重型两种
BS	意为"背后捅刀子"，指一个玩家故意使自己的盟友处于不利的局面，通常是在事先没有警告的情况下，试图使盟友落败。这被认为是非常卑鄙的手段，而且可能会导致账号被封停。"BSer"指有上述行为的玩家
campers	从不扩张、专注于造好防御塔防守基地的玩家
caster	指代所有以释放魔法为主要职能的单位。如女巫、萨满、女妖、利爪德鲁伊
cheese/cheap	指那种基于某种或某些原因被大多数人看不起的战术，可能是因为没什么深度，没什么技巧，或者只是表面上看来有压倒性的优势。这些战术往往是在游戏初期使用，而且往往依赖于出其不意，再加上一些运气的成分，往往是孤注一掷的。这种战术一旦被击退，通常就再也不可能重整旗鼓击败对方了
chob	指新手。该术语源自韩国
creep and counter/CC	在地图周围快速升级英雄，然后对对手将要采取的行动进行反击。如骚扰或攀科技
creeping	通过清除野生单位来获得经验值和物品的过程
creep jacking	在敌人攻击野生单位时，偷袭他们
D	防御，"defense"的简写，通常指防御塔这样的防御建筑。如告诉盟友"get some D"
dancing	一个来自《星际争霸》的术语。意思是把受伤的单位拉离战场并很快返回战场，或者是移动自己的被攻击单位，让敌人来追击

续表 5-4

术语	解释
DD	直接伤害，用来形容在使用时能对单位和区域造成伤害的魔法或技能
expansion/expand/exp	用作动词时，指进行扩张来建立新的基地；用作名词时，指分基地或能够创建分基地的资源点
expansion/xpac	游戏扩展包
focused fire	所有的单位攻击一个目标
harassing	持续不断的 hit-and-run 战术，主要目的不是对方造成伤害，而是干扰对方进行宏观和微观操作的能力和效率（一般都直接用"harass"，尊重语法则用"harassing"）
LOL	lots of laugh or laughing out loud，即"放声大笑"，该术语不常使用。常用"hehehehe"或者"hahahaha"来替代
macromanagement/macr	宏观操作，指关于建造部队、建造基地，以及经济方面的操作
meat	指站在战场前方吸引伤害的单位。如兽族步兵
melee	指那些以近战为主要职能的单位。如兽族步兵、步兵、女猎手、食尸鬼
micromanagement/micr	微观操作，指在战斗中向部队发布命令。如将受伤的单位从激战中撤出或集中火力攻击某一个优先目标
mod	"forum moderators"的简写，指用来改变游戏数据和单位属性等的一组文件
modal	自动施放技能
MPQ	Mike O'Brain pack，麦克奥布赖恩封包，暴雪公司游戏所采用的一种压缩档案格式
multitasking	同时做几件事。如攻击的时候建造部队和开分基地
no map	没有用或不要用地图作弊器
noob	新手，即刚刚开始接触游戏的人。也用来讽刺那些没水平的人（请不要随便使用）
nuke	用作动词时，指连续使用直接伤害的技能迅速杀死一个单位
peon/worker	对《魔兽争霸Ⅱ》中农民的泛称

续表 5-4

术语	解释
perfect play（PP）	完美的表演
plz	即"please"，请
Re/RM/RC	重建。通常用来要求别人再来一盘
rigged	通常用来指那种给特定玩家带来不公平的优势的地图（通常都是自定义地图）
rush	用作动词时，指尽快建一个英雄和一些部队，然后尽可能早地攻击敌人，从而在一级基地的阶段就结束游戏；用作名词时，指代这种战术
smurfing	高水平的玩家注册新账号装作新人与那些没什么经验的玩家玩
strat	战术
tank	用作动词时，如"use your moutain gaint to tank"，指单位承受伤害的能力，通常用来保护其他的单位；用作名词时，如"a kinght makes a good tank"，指能够用作肉盾的单位
tech	攀科技，用作动词。例如，"to tech"指建造建筑和研究升级来达到科技树上的某个位置，以便能够建造特定的部队。如"going to tech to tier 3"。通常需要靠骚扰敌方和建造防御来配合（fast-tech是指速攀科技的战术）
TFT	即《冰封王座》，《魔兽争霸Ⅲ》的资料片
tier	等级主基地的状态。游戏开始的时候为一级，每次升级主基地后这一等级也随之上升，最高为三级。也可以简写为"t1/t2/t3"，或者用"main"代替
chainwave	闪电链＋震荡波
gruntapult	咕噜＋攻城车。这种战术通常首发先知用来骚扰敌人的农民。在一级基地阶段建双兵营出咕噜，二级阶段出攻城车。这种战术对NE最有效，对那些坚持出地面部队的种族也有效。咕噜攻击中，甲单位有优势，攻城车攻击无甲或加强型护甲的单位有优势
bat/wyv	巨魔蝙蝠骑士和风骑士。这个战术中骚扰至关重要，因为几乎不造任何一级兵种，如咕噜。最好用剑圣和先知骚扰，再建一两个箭塔。迅速升级到二级基地后造两个兽栏。完工后，开始快速出风骑士和巨魔蝙蝠骑士。蝙蝠对角鹰这样的轻型空中单位非常有效，对建筑的攻击力也不错。风骑士对女猎手这样的地面近战部队非常有效，因为对方无法攻击他们。但这个战术不利于对抗大量的地面远程部队

五、格斗技术类游戏基础知识

格斗技术类游戏的专业术语一般与技能相关联，很多竞技格斗术语是攻击方攻击段位的选择和防御方防御段位的选择等。（见表5-5）

表5-5　格斗技术类游戏专业术语

术语	解释
攻击判定	角色出招时，能够攻击队友的有效范围或者距离
无敌时间	角色没有被攻击判定的时间
相杀	双方同时做出攻击并同时击中对手
连续技	通常可以取消普通攻击或者被必杀技、超必杀技取消，从而形成连招的特殊指令（不排除特殊情况）
特殊技	以单一的方向键和攻击键
防御不能技	即使做出防御指令，也会受到伤害
防御崩坏	破坏对手的防御姿势
浮空	被角色打至飞起但不一定存在被攻击判定
蓄力攻击	指需要很长时间酝酿使出的攻击，也指长按按键后使出的攻击

六、多人在线模拟体育运动类游戏基础知识

多人在线模拟体育运动类游戏一般也有一些共性的专业术语，但这些专业术语往往是和传统体育类竞技项目密不可分的，又加入了许多电子竞技的元素，如按键、操作、控制等和虚拟主机构成一体的操作流程。因此，在共性上，多人在线模拟体育运动类游戏的专业术语一般和传统类体育竞技项目大致雷同，这里不一一赘述。下面就多人在线模拟体育运动类游戏的个性术语展开分类讨论。（见表5-6、表5-7）

表5-6　*NBA Live* 系列专业术语

术语	解释
pass	传球
switch player	切换球员

续表 5-6

术语	解释
shoot	投篮
take charge	制造撞人犯规
pro-hop	跳步/靠打
rebound/block	抢篮板/盖帽
dunk/lay-up	上篮/扣篮
steal	抢断
turbo	加速
direct pass	直接传球
direct switch	直接换人
back down	取消
defensive assistant	防守辅助
alley-loop	空中接力
take charge	造撞人犯规
call timeout	叫暂停
intentional foul	故意犯规
pause	游戏暂停
crossover/spin move	胯下运球/转身过人
off-ball	无球跑位

表 5-7　《实况足球》专业术语

术语	解释
GK	goalkeeper，守门员
SW	sweeper，清道夫
CB	center backfielder，中后卫
SB	side backfielder，边后卫
LB	left backfielder，左边后卫
RB	right backfielder，右边后卫
WB	wingback，边后腰

续表 5-7

术语	解释
LWB	left wing backfielder，具有边路进攻能力的左后卫（即左边后腰）
RWB	right wing backfielder，具有边路进攻能力的右后卫（即右边后腰）
DMF	defence midfielder，防守型中场（即后腰）
LMF	left midfielder，左前卫
LMF	left midfielder，左前卫
CMF	center midfielder，中前卫
OMF 或 AMF	offensive midfielder-aggressive midfielder，攻击型中场（即前腰）
WF	wing forward，边锋
LWF	left wing forward，左边锋
RWF	right wing forward，右边锋
CF	center forward，中锋
ST 或 SS	second striker，站位在前腰与中锋之间的前锋，即影子前锋，也叫"二前锋"，就是最早俗称的"九号半"

第六章　主流电竞项目基本操作

一、多人在线战术竞技类游戏基本操作

多人在线战术竞技类游戏的玩法是，玩家通常被分为两队，在分散的游戏地图中互相竞争，每个玩家都通过一个即时战略类游戏风格的界面控制所选的角色，在战斗中一般需要购买装备。不同于《星际争霸》等传统的硬核的即时战略类游戏，这类游戏通常无须操作即时战略类游戏中常见的建筑群、资源、训练兵种等组织单位，玩家只控制自己所选的角色。通常推翻对方基地即为胜利。

一般在多人在线战术竞技类游戏的键盘操作中，Q、W、E、R 4个按键是主要技能的快捷键。玩家基于个人喜好和习惯，可以对这些快捷键做出更改。数字按钮一般是背包物品使用按键，这些按键的设置通常是为了方便使用装备或者物品。基于个人喜好，玩家也可以更改快捷键。还有很多快捷键是系统默认的，如界面切换等。这些按键一般不做更改。多人在线战术竞技类游戏基本的操作按键就是这些共性按钮。下面通过不同的游戏来看其操作的异同。

1.《英雄联盟》基本操作

《英雄联盟》是一款3D的多人在线战术竞技类游戏，以第三人称视角进行。该游戏目前的常规游戏模式有3种，分别是"召唤师峡谷""嚎哭深渊"和"扭曲丛林"。先前还有一个"水晶之痕"模式，现在已经被移除。玩家会在游戏中彼此合作，与对方的团队竞争。游戏的目标通常是破坏对方团队的主要基地"水晶枢纽"，每一场游戏的时间为25～55分钟。玩家可在开场15～20分钟发起提前投降，必须全队同意，才能达成投降协议；开场20分钟后可发起投降，只要有超过七成的玩家同意投降，即可通过。

在所有游戏模式里，玩家会以自由选择或分配的方式控制一个英雄角色，每个英雄角色都有自己独特的能力。在每场比赛开始时，英雄的等级是1，随着经验点的获得而提升等级，最终达到18级。提升等级时，玩家

可以解锁英雄的技能，并以此拓展每个英雄的运用方式。玩家还可以运用比赛里的金钱来购买道具，让英雄变得更强，以杀死对方英雄或帮助友方英雄。玩家可通过杀死被称为"小兵"和"野怪"的非玩家角色及杀死敌方队伍的英雄来获得道具，也可以通过摧毁敌方的建筑物，或者随着游戏时长的增加而自然获得。玩家购买的这些物品只适用于该场比赛。因此，所有玩家在每一场新游戏开始时，所操控的英雄除了符文之外（S7之前有天赋这种东西，到了S8便没有了），具有的能力基本上是相当的。

在每一场比赛后，玩家也可以获得个人的奖励，如经验值、蓝色粉末或该英雄的专精分数。如果一场比赛内玩家自己或某个队友获得S以上的战绩，就可能会得到宝箱。这些数值会用于玩家账户上，玩家的账户从第1级开始，最高等级无上限（在2018赛季前为30级）。高等级的玩家可以解锁一些新的功能，如可以在战斗中使用的能力"召唤师技能"、强化英雄能力的符文和天赋。玩家的等级和英雄的等级是不一样的，如等级30的玩家和等级5的玩家，在比赛开始时其控制的英雄都是等级1。

2. Dota 2 基本操作

Dota 2是一款多人在线战斗竞技类游戏，基于3D图形环境，通过高空视角呈现游戏画面。两支队伍各有5名队员，分别代表天辉（Radiant）和夜魇（Dire），在游戏地图上进行对抗。每名玩家从115位英雄中选择一位参赛，每名英雄都有各自独特的技能和操作体系。在每局游戏初始，10名英雄都处于等级1，他们通过战斗来积累经验，从而升级并变得更强。英雄每升一级，玩家可以学习一个新技能，加强原有的技能或选择天赋。每名英雄的战斗方式取决于他们的初始属性——力量、敏捷度和智力。

一条河将地图分为两部分，天辉和夜魇的基地在地图的对角处（天辉在左下方，夜魇在右上方）。每方基地里各有一个关键的建筑物，称为"遗迹"，有一座喷泉用来复活英雄或给英雄恢复状态。当一方摧毁另一方的遗迹时，游戏结束。有3条道路将两个要塞连接起来，每条道路上都有防御塔。电脑可控制小兵沿着道路走到另一方的要塞。小兵们会攻击敌方的英雄、小兵和建筑物。天辉和夜魇地图上分布着中立生物，最强的中立生物是Roshan。无论哪方击杀Roshan，都可以获得奖励。

在游戏时，玩家会持续收到系统给予的少量金钱。金钱可以用来购买道具，为英雄提供能力或强化英雄。玩家可以通过摧毁敌方的建筑物，击杀敌方小兵、英雄、中立生物得到金钱。只有完成击杀的英雄，才能获得金钱。击杀这个动作称为"补刀"。当敌方英雄被击杀时，周围所有的己方英雄都将获得金钱。己方英雄可以通过"反补"友方单位或建筑物来减少敌方英雄的金钱和经验收益。

Dota 2 为玩家们提供季节性的活动，包括夜魇暗潮、迎霜节及芳晓佳节。这些活动可能与标准的游戏规则不一致。*Dota 2* 同样提供由社区制作的自定义游戏，其中受欢迎的游戏将由维尔福公司提供专门的服务器。

2016 年，*Dota 2* 增加了 VR 观战功能，由 Steam VR 提供技术支持。

3.《王者荣耀》基本操作

在对战模式"王者峡谷"（5V5）中，10 位玩家各操控一位英雄，并被分为两组队伍。两组队伍从中心对称的地图的两端发起进攻，胜利的前提是破坏敌方的水晶或敌方投降。要摧毁敌方水晶，队伍必须破坏路上的防御塔，而防御塔通常被放在可以抵达敌方水晶的 3 条主要路线上。当玩家独自靠近防御塔时，会承受来自防御塔的高强度攻击，攻击会逐次增强。且双方水晶都会定时向这 3 条路线的方向派出小兵前往战场。当小兵进入防御塔攻击范围时，防御塔会优先选择攻击小兵，但当某位玩家操控的英雄在防御塔范围内攻击敌方英雄时，防御塔将放弃攻击小兵而转为攻击敌方英雄。每个玩家通过杀死敌方小兵、敌方英雄或野区的中立怪物（俗称"打野"，部分带有增益效果）来升级自己的英雄等级并获得金钱增益。玩家击杀敌人也可以使自己的英雄在游戏中取得金币，以便购买装备来提升英雄的能力。

"深渊大乱斗"模式共有 10 位玩家，除自带"闪现"技能、不能使用"恢复"和"回城"技能、基地不提供回血、必须死亡后才能购买装备之外，与其他游戏模式并无不同。主要不同是地图，"深渊大乱斗"是直筒形地图，类似于"墨家机关道"，两组队伍占据地图两端，抵达敌方水晶只有一条直线路线，也没有野区（无中立怪物，不能通过打野赚取金钱），但可以通过击杀小兵或者英雄随机掉落回血包。每个阵营只有两座防御塔。获胜条件是摧毁敌方的水晶或敌方投降。

在"长平攻防战"（3V3）模式中，共 6 位玩家，与其他模式游戏方法基本相同。地图上抵达敌方水晶只有一条主要路线，但存在两块野区和中立怪物（野区内击败暴君有强力 buff 加成，但只能加成 3 层）。双方各有两座防御塔和一座基地。获胜条件是摧毁敌方的水晶或敌方投降。

在"墨家机关道"（1V1，无野区）模式中，共两位玩家对战。地图为直筒形地图，两头为双方玩家的复活点，水晶位于复活点正前，基地塔前即为防御塔。其余规则与"王者峡谷"模式相同，但不可使用"回城"。获胜条件是摧毁敌方的水晶或敌方投降。另外，生命之泉内不提供加速增益效果。

在排位赛中，玩家等级达到6级且拥有至少5个英雄即可参加排位赛。排位赛分为单人、多人组队、5人组队3种模式。5人组队总是会匹配到5人队伍。对所有参加排位赛的玩家，系统会根据其实力，匹配合适的队友和对手。排位赛一共分为七大段位，由低到高分别是倔强青铜、秩序白银、荣耀黄金、尊贵铂金、永恒钻石、至尊星耀、最强王者。其中，倔强青铜和秩序白银有3个小段位，荣耀黄金和尊贵铂金有4个小段位，永恒钻石和至尊星耀有5个小段位，最强王者采用升星制，胜利一局即获得一颗星，本区排名前99的玩家可晋升荣耀王者，而进入荣耀王者的玩家会根据实力情况进行全服排名。除此之外，排位赛的页面还记录着本赛季的成绩及最近几场比赛的数据，具体到可以看见当时选择的英雄和对应的出装。排位赛的周期为3个月，达到荣耀黄金段位即可领取对应奖励皮肤。每3～4个月是一个赛季。赛季结束后，会结算段位，发放对应的钻石奖励，并刷新排位赛专属皮肤。在排位赛中获胜10场并达到荣耀黄金段位以上者，即可获得当前赛季排位赛专属皮肤。

在冒险模式和挑战模式中，玩家单机选择3个英雄挑战关卡（英雄战斗力与铭文相关）。每个大关设有4个小关，分普通、精英、大师3个难度。首次挑战胜利者可获得额外的金币和经验。

在"武道大会"模式中，玩家选择3个英雄为进攻阵容（英雄战斗力与铭文相关），3个英雄为防守阵容。玩家可主动对排行榜防守玩家发起挑战，如果胜利，则取代防守玩家的名次。

在"六国远征"模式中，玩家使用3个英雄组成队伍（英雄战斗力与铭文相关），进行6次乱斗。中途英雄死亡可替换，死亡的英雄重置前不可再选。

在娱乐模式"火焰山大战"中，共有10名玩家。与"王者峡谷"不同的是，复活点不确定，死后复活为随机位置复活，不允许使用"恢复"技能，且道路两侧有岩浆。英雄进入岩浆，会迅速流失生命值。英雄都自带"火球"技能，击杀主宰与其他野怪可以获得大火球与多发火球，威力比普通火球大。

"无限乱斗"玩法基于"王者峡谷"地图，额外通过增加随机地图事件的方式来提供更多的乐趣，同时，通过各种手段加快游戏节奏，所以这张娱乐地图单局平均时长不超过 10 分钟。

"克隆大作战"模式共 10 名玩家。全队 5 名玩家使用同样的英雄进行游戏。游戏、地图、玩法和"王者峡谷"相同。

在"迷雾"模式中，5V5 对战的主战场"王者峡谷"不再清晰可见，地图中布满迷雾，使玩家无法第一时间发现敌人的踪迹。迷雾范围内，玩家必须移动到该位置才能探测到具体情况。同样，隔着墙和草丛也无法看到另一面的事物。游戏地图和"王者峡谷"相同。

"五军对决"是五阵营混战的全新玩法，每个阵营两人。"五军对决"最大的特点是没有兵线、防御塔与水晶，地图上有属于不同阵营的不同出生点。出生点前每隔一段时间就会刷新治疗包，可以让英雄恢复大量血量。在这个模式里，只有"魔道之玉"和"重生之玉"两种野怪。"魔道之玉"被击杀后会恢复英雄少量血量，并有小概率获得 buff。每隔一定时间会有两个"重生之玉"随机出现在地图上 5 个出生点上，击杀它可以获得大量金币和重生 buff。击杀敌人可以获得星数。一局游戏为 8 分钟，游戏结束后会按队伍星数排名结算。

"契约之战"模式中，召唤师在同一局内可以选定两个不同的英雄，在战斗对局中根据对局需求瞬间切换英雄。

二、集换式卡牌类游戏基本操作

集换式卡牌类游戏有以下共性特征。

（1）每张卡牌上，无论何种游戏，都会有表述规则的文字，用来描述这些卡牌的使用条件和效果。

（2）基本上，每种游戏都要求玩家拥有一套自己设计的套牌，牌手需要从成千上万的卡牌中挑选一定数量的牌，让它们相互配合以赢得游戏。这使游戏的对局极具开放性和多元性。

（3）一般来说，使用任何一张卡牌都需要一定的条件。例如，万智牌需要地，口袋妖怪卡需要能量卡等。

（4）游戏的基本规则是利用自己拥有的条件，使用自己套牌中的牌，使其产生某种效应，以达到游戏要求的获胜条件。

（5）无论何种游戏、规则，都以回合的方式进行，且回合进行遵循一定的架构，基本结构包括 5 种。①重启。即让所有的卡牌都成为新回合的状态，如《万智牌》中的"重置阶段"。②抓牌。把套牌中的牌放在手上。放在手上意味着这些牌可能会发生效应。③使用。使用手上的牌来影响游戏。④冲突。利用牌手可利用的资源进行战斗，一般来说，在冲突中获胜是获得游戏胜利的主要手段。⑤结束。一般在此阶段，本回合使用的牌产生的效应会终止，牌手会被要求弃掉手里多余的牌，将手里的牌控制在一定的数量范围内。

1.《炉石传说》基本操作

（1）手牌。在每个回合中，从套牌中抽一张牌加入手牌。卡牌周围亮起绿光的卡牌是现在能够使用的，否则就是因为法力值不足或某些情况不允许使用这张牌。手牌的上限是 10 张。

（2）法力水晶。所使用的每张卡牌都需要消耗一定的法力值。在每个回合开始时，法力值都会被充满，而每个回合都会增加一个法力水晶，直到拥有 10 个法力水晶。

（3）英雄。《魔兽》中的某个英雄，在头像下方是当前的生命值；每当有随从或法术造成伤害时，生命值就会减少；得到治疗后，生命值就会增加。如果生命值降至零点，就输掉了比赛。

（4）英雄技能。每个英雄都有独特的英雄技能，每个回合可以使用一次。

（5）套牌。在每个回合开始时，从牌库中抽一张牌加入手牌，每副套牌含有 30 张卡牌，不能多，也不能少。如果无法从牌库中抽到牌，那么，每当要抽一张牌时，都会以承受越来越多的伤害来代替抽牌（每回合增加 1 点伤害）。

（6）武器。玩家为自己的英雄召唤了一件武器，武器的耐久度会随着每次攻击而减少，所以，挥舞武器进行攻击的机会是很有限的。

（7）回合记录。这里显示了所有最近几个回合双方采取的行动，这些详细的记录能够解答诸如"我到底为什么一下子损失了这么多生命值"及"为什么我的随从都变成鸡了"这样的问题。

（8）回合结束按钮。在玩家的回合中，点击这个按钮来结束自己的回合，并允许对方开始他的行动。如果结束回合的按钮发出绿色的闪光，说明系统发现玩家已经无法再进行其他任何行动了。

（9）抽取起始手牌。比赛开始时，双方投掷一枚硬币来决定谁先手出牌，然后双方抽起始手牌。赢得先手的一方抽3张卡牌，另一名玩家抽4张。由于先手出牌能够带来一些策略上的主动，失去先手的玩家还能获得一张幸运币卡牌（它不消耗法力值，能够让玩家暂时获得一点额外的法力值）。玩家可以一次性替换任意数量的起始手牌，如果对战双方都认可了自己的起始手牌，比赛就正式开始。

（10）抽一张牌。在每个回合开始时，玩家从套牌中抽一张牌。有些卡牌允许在每个回合中抽到额外的卡牌。如诅咒教派领袖就允许在随从死亡时抽一张牌。如果要抽牌时，牌库是空的，那么将承受越来越高的疲劳伤害。

（11）使用卡牌。大多数随从在被召唤出来的那个回合是无法进行攻击的，必须等待下一个回合才能开始行动。法术牌在被使用的回合就会生效。单体法术需指定目标，群体伤害法术可以直接使用，而奥秘牌则需要在满足条件的情况下才会触发效果。

（12）进攻/使用英雄技能。对手召唤了随从，然后又到了己方的回合。己方还可以召唤随从，使用法术或者使用英雄技能。

（13）结束你的回合。由于无事可做，玩家结束了这个回合。

下面介绍卡牌和套牌、新手任务、日常任务和隐藏任务。

（1）卡牌和套牌。卡牌是《炉石传说》的核心元素，需要用已经拥有的卡牌来构建套牌。游戏中共有779张不同的卡牌。有些卡牌通过升级英雄解锁，有些通过完成隐藏任务获得，其他则通过打开扩展包获得。可以通过完成任务或在竞技场中获得的金币来购买扩展包。

（2）新手任务。当首次打开《炉石传说》时，系统已经为玩家准备了一系列的新手任务。通过这些简洁的任务，玩家可以初步了解《炉石传说》的基本规则和操作方法，并循序渐进地学会如何玩转《炉石传说》。在新手任务中，玩家将由弱到强逐一挑战6位《魔兽》中的著名英雄，包括霍格、狡诈的米尔豪斯·法力风暴等。在最后一关，要面对的是伊利丹·怒风。不过，即使英雄们都很厉害，玩家通过逐步学习，也有可能击败他们。

（3）日常任务。玩家每天都会（且只能）接到一个日常任务，通过完成日常任务，玩家可以获得金币奖励。日常任务最多可以累积3个。日常任务有不同的类型，例如，使用某一职业获得两场胜利，或是对敌方英雄造成一定数量的伤害，等等。玩家完成不同的任务，就可以获得数量不等的金币奖励，这也是游戏中金币的主要来源。如果某天的任务难度太大，那么可以放弃这个任务。在放弃了某个任务之后，玩家会接到一个随机的新任务。

（4）隐藏任务。游戏中还有很多隐藏任务，玩家在完成任务后，就会自动获得奖励。

2.《三国杀》基本操作

《三国杀》也是回合制卡牌游戏，玩法比《炉石传说》稍微复杂一点。《三国杀》由多位玩家参与，各扮演一名三国角色，并且身份不一，通过回合制，最终达到所属身份的获胜目标。游戏牌有3类：基本牌、锦囊牌、装备牌。基本牌是游戏牌里最多的（标准版53张），也是最基础、最重要的。基本牌的使用方法虽然简单，想精通却非常困难。下面详细描述杀牌、闪牌、桃牌这3种基本牌的用法以及注意事项。

（1）杀牌。杀牌共有30张，其中有14张梅花、7张黑桃、6张方片和3张红桃。

打出一张杀牌，对方如果不打出闪牌，则要扣一点血。由于标准版里能够杀伤血量的锦囊只有7张，因此"杀"是游戏中最常见也最有效的杀伤方式。同时，杀牌还可以防御"南蛮入侵"和"决斗"，所以这是一张攻守兼备的牌。

在使用杀牌的时候要考虑：这张杀牌打出后，会不会造成己方防御力下降？"南蛮入侵"只有3张，可以记下场上已经出现的该锦囊牌的数量，如果之前一张都没有出现过，那么接下来手里如果没有杀牌，就会非常危险，此时出杀牌便要慎重。

杀牌既可以防"决斗"，也可以防"南蛮入侵"，在这一点上也存在值得斟酌的问题。如果有人找你"决斗"，那么可以选择不出杀牌扣血，用杀牌来抵御接下来的"南蛮入侵"。

如果自己装备有关键的武器，这时候也要注意手里留一张杀牌防止"借刀杀人"（为2张）。如果有余力，可以记住"借刀杀人"的数量。

如果记牌水平较高，发现2张"借刀杀人"和3张"南蛮入侵"都已经打出，这时候就可以毫无顾忌地出杀牌了。由于"仁王盾"的存在，在对面没有张辽的情况下，应该优先选择出"黑杀"，以防以后可能会一手"黑杀"而被一个"仁王盾"阻挡。

(2) 闪牌。闪牌共有 15 张，其中有 12 张方片和 3 张红桃。

一般情况下，一张闪牌可以抵销对方的一张杀牌。所以在被围攻的时候，闪牌是珍贵的牌。如果没人来攻击你，闪牌就显得比较多余。所以在回合结束弃牌时，要根据自己受攻击的程度来决定多留闪牌还是弃掉闪牌。杀牌的主要属性是进攻，闪牌的主要属性是防御，所以消耗全场"杀"的"南蛮入侵"可以削弱全场的攻击力，而"万箭齐发"则可以削弱全场的防御力。"南蛮入侵"会削弱己方的攻击力，这就是反贼不喜欢"南蛮入侵"的原因。当然，反贼也不喜欢"万箭齐发"，因为这会暴露反贼队伍的弱点（没有闪牌的人）。

(3) 桃牌。桃牌共 8 张，其中有 7 张红桃和 1 张方片。

在自己的回合内使用桃牌，可以让自己恢复一点体力。在任何角色濒死时候使用桃牌可使其恢复一点体力。桃牌的基本用法有一个小矛盾："桃"是该给自己吃，还是给别人吃呢？如果对方有以拆牌为技能的人物，而自己是被"拆"对象时，"桃"应该自己吃掉。其他时候如果不用弃牌，又有队友生命垂危，则应该留着桃牌用来救队友。如果认真玩牌，那么桃牌的数量是要记下的，通过场上已出的桃牌数可以判断自己接下该如何做，比如是去杀某位玩家，还是打其他玩家。武将濒死求桃牌时候，是从当前回合的角色开始逆时针求桃牌，从大家的反应可以看出谁手里有桃牌。

除了需要了解基本牌的使用外，还需要熟知各种武将牌的技能和打法策略。对于初涉《三国杀》的玩家来说，武将和技能纷繁复杂，一时难以入手，但是如果能搞清各种身份的打法，能做出正确的策略，那么就向胜利迈出了一大步。

(1) 主公。主公的目标是消灭所有的反贼和内奸，平定天下。主公最优先的任务就是保住自己的命。新手主公在选择武将时，建议首选曹操，其"护驾"和"奸雄"技能防御力都很强，不容易死。

然后确定出牌策略。在第一回合出牌时，尽量留下 5 张牌结束回合，因为其他人都没有亮明身份，多出牌不仅降低自身防御力，而且容易杀伤队友。牌多，防御力才高。

出牌时优先使用"无中生有"，然后装装备。首选装"＋1 马"和"八卦阵"，这是防御用的装备；如果没有，则再装"－1 马"，再装武器。

之后，要看准谁是反贼。反贼就是直接攻击你的人。谁打你，你就可以尽情反击。如果没人打你,那就不用贸然出击,像第一回合一样保持5张牌即可。

在出牌时,一定要注意不杀身份不明的人。如果主公杀死忠臣,则手牌要弃光。在没有任何反贼明跳时,要时刻保持自己是场上实力最强的人。比如,最后剩下一个忠臣、一个内奸、一个反贼。在不知道具体身份的情况下,多余的杀牌就去杀那个血量最多的。最好把它们都打成一血。如果忠臣把其他两人杀死当然最好。如果忠臣死了,其他两人就可以随便杀。

(2)反贼。反贼是游戏里最为简单的角色,他们的任务就是尽自己全力击杀主公。玩家拿到反贼以后,就要看自己在本局游戏中的位置,然后选择能对主公造成最大杀伤力的角色。

反贼在打牌时,首先,注意不能打感情牌。例如,不能由于上家打自己就去报复上家,因为迫在眉睫的事是快速击杀主公。主公死了,反贼就可获胜。如果一时杀不到主公,可以适当出杀牌杀忠臣,但主公永远是击杀的首选对象。其次,反贼不能怕死,不能伪装身份,能第一回合跳(表明)身份就第一回合跳,因为跳了后,在这一回合只有两个忠臣会试图杀你,但是有3个同伴会保护你,跳了可以防止误杀,反而安全。此外,反贼要有团队意识,知道合作击杀的重要性。例如,有"过河拆桥",优先拆掉主公的"+1马"和"防具",为后面杀来的反贼铺路搭桥。在反贼同伙放"南蛮入侵"时,如果自己只有1滴血,可以不出杀牌,选择死亡,让同伙拿3张牌;自己不满血时不吃桃牌,把桃牌留给生命濒危的队友。

(3)忠臣。忠臣的任务就是吸引火力,帮助主公击杀反贼和内奸。所以,忠臣上来就可以高调地杀人,引起大家的仇恨,最好能让反贼用本应该用来打主公的火力来打自己。

如果主公没有被围攻,忠臣可以适当自保。如果主公被围攻,忠臣就要集中火力击杀一个反贼,最好能和主公的火力集中起来。同时,忠臣要设法打破反贼的围攻。例如,有"过河拆桥"时,就要拆掉反贼的武器,使得反贼无法杀主公。另外,到了残局,忠臣要帮主公平衡战局,让主公成为场上最强的人。

忠臣和主公的胜利条件一致,打法也基本相同。

(4)内奸。内奸是《三国杀》里最难操作的身份,其要存活至场上只剩下自己和主公，并最终击败主公才能获胜。内奸胜率低，而且内奸十分不好做。

在普通路人局或熟人局中，内奸胜率可以勉强达到40%～50%。这是因为内奸获胜对运气的依赖程度比较大。有的时候内奸即使辛苦控场，也会被几张牌扰乱了形势。

内奸首先要识别场上其他人的身份。这很简单，8人局里有4个反贼、2个忠臣，很好辨认。接下来就是要有基本的大局观，也就是看出哪方处在优势地位，然后想方设法削弱这种优势。

内奸的主要敌人是忠臣，所以内奸时不时就要去削弱忠臣的力量。但是，内奸一个人的力量是微薄的，他最怕出现反贼全部集中火力攻击主公的情况，因为这样不能削弱忠臣的力量，自己无法取得胜利。所以，这时内奸就要控制火力，把离自己远的反贼的武器拆掉，让他只能去打身边的忠臣。

内奸可以是任何人的队友，也可以是任何人的敌人。主动树敌是不可取的，在看到双方实力均等时，就应隐藏自己攒装备。锄强扶弱，然后干出自己的一番事业。内奸的道路漫长而有趣，此处不赘述。

如果说基本牌是游戏的基础，那么锦囊牌就是游戏玩家智慧的结晶，每一次使用都是玩家能力的体现。下面就来探讨一下如何用好每张锦囊牌。

（1）"过河拆桥"牌（6张），关键词是"控制"。"过河拆桥"牌是锦囊牌里最多的一种，也是看起来最没有收益的一种：打出自己一张牌，让对方损失一张牌。所以，要用好"过河拆桥"牌，使其创造收益，并不是很容易的事情。

"过河拆桥"牌有几种经典的用法：①控制距离，即当自己或己方某人被集中火力攻击时，拆掉攻击者的武器，使其不能形成集中火力；②指挥作战，即当己方需要集中火力攻击某人时，拆掉对方的防具和"+1马"，给后面的攻击者打开道路；③解乐，即拆掉己方角色的"乐不思蜀"。

（2）"顺手牵羊"牌（5张），关键词是"压制"。"顺手牵羊"牌的使用距离只有1，但它本身已经有"过河拆桥"牌的所有功能。所以，当作战目标是自己"顺手"范围内的玩家时，它的用法和"过河拆桥"牌是基本相同的。同时，由于"顺手牵羊"牌更加珍贵，所以当它和"过河拆桥"牌作用在同一目标上时,一般先打出"过河拆桥"牌。

"顺手牵羊"牌可以拉大相邻两个人手牌的差距,造成实力不均,打出"顺手牵羊"牌的一方在作战中会取得一定的压制力,这在 3V3 的模式中体现得尤为明显,身份局也是如此。

(3)"无中生有"牌(4 张),关键词是"获得手牌"。一般来说,锦囊牌、装备牌比基本牌好用(这是直观的感受),所以所有牌的平均价值要略高于基本牌。不妨设基本牌价值均为 1 点,这也就意味着获取两张未知牌的"无中生有"牌的价值会超过 2 点。所以,在没有特殊需要的情况下,"无中生有"牌的确是非常好的牌。

(4)"无懈可击"牌(4 张,包括一张 EX),关键词是"变价"。它的价值可以与任意一张锦囊牌相等。具体和哪一张相等,则要看使用者如何用。所以,尽量在对方打出其最好的牌时就打出。此外,拆对方手牌时,对方若打出"无懈可击"牌,那么,如果不用弃牌,则不反"无懈可击"牌为好,因为一旦反"无懈可击"牌,就等于拿"无懈可击"牌当"过河拆桥"牌用,这样会得不偿失。

(5)"乐不思蜀"牌(3 张),关键词是"神牌"。这是稀少的牌,但每一张都有可能决定战局。尽量选择手牌数大于体力值很多的对手使用。这张牌一般是在回合的最后打出,根据场上的最终情况决定向谁打。

(6)"决斗"牌(3 张),关键词是"时机"。这也是非常珍贵的牌,可留着,不要随便打出,然后在最合适的时机找到没杀牌的敌人,给其致命一击。若配合"南蛮入侵"牌使用,可以先用"决斗"牌耗光对方的杀牌,再放"南蛮入侵"牌,造成 2 点伤害。

(7)"南蛮入侵"牌(3 张)和"万箭齐发"牌(1 张),关键词是"收割"。这两种是最好的牌,若运用得当,可以瞬间扭转战局。全体性攻击锦囊,可能一次性杀死好多人,如果手里攒了几张一起打出,则威力无穷。所以,这个是最不能乱放的锦囊,最好拿到了就握在手里,配合"诸葛连弩"牌,秒杀全场不是难事。

对于主公来说,施放"南蛮入侵"牌的意义在于削减全场的杀牌,使大家攻击力降低,自己更安全;施放"万箭齐发"牌则可削弱全场防御力。

(8)"借刀杀人"牌(2 张),关键词是"反攻"。这个锦囊在控制距离上效果胜过"过河拆桥"牌,而且还能获得武器,得到集火机会。所以，在这两张牌打出之前，装武器一定要慎重。如果装上武器，有时宁可对同伙出杀牌，也不能交"刀"。否则，如果给对方集火的机会，就会更难打。

（9）"五谷丰登"牌（2张），关键词是"座次"。施放"五谷丰登"牌时，一个好的顺位是非常关键的，只有当下面几家都是同伙时，放牌出来才有意义。当然，如果对某张牌的需求程度到了极限（如黄盖之于"诸葛连弩"牌），那么座次问题也可以放到后面再去考虑。主公首轮放"五谷丰登"牌是不妥当的行为，因为这等同于提升了反贼的实力。

（10）"桃园结义"牌（1张），关键词是"喘息"。这张牌打出后，所有武将全部回血，进攻节奏被拖慢，会给被压迫的一方一个喘息的机会。当然，使用这张牌前一定要清点回血人数，如果敌方势力比己方人数还多，则不必使用。

3. 《部落冲突：皇室战争》基本操作

（1）卡牌设定、卡牌分类。在《部落冲突：皇室战争》游戏中共有74种卡牌。这些卡牌按品质主要分为普通、稀有、史诗、传奇4个档次，按类型主要分为部队卡、建筑卡、法术卡三大类。（见表6-1）

表6-1　《部落冲突：皇室战争》卡牌类型及描述

卡片类型	描述
部队卡	部队卡可以召唤出部队来进行攻击。不同的部队攻击对象和手段不同，有的是造成群体伤害，有的是只攻击建筑物。部队卡只能在己方阵地使用
建筑卡	建筑卡可以建出各类建筑物。建筑物可以用来防御、进攻和生成部队。建筑卡只能放置在己方阵地
法术卡	法术卡可释放各种法术，主要效果有对敌方卡牌造成群体伤害，使己方卡牌增加伤害值、提高攻速或加速回血等效果。法术卡没有使用区域限制

在《部落冲突：皇室战争》中，卡牌的升级模式是收集相同的卡牌来进行融合升级。而卡牌的主要来源是开游戏中获得的各类宝箱，不同宝箱的打开时间不一样。例如，普通的木宝箱只要一个小时便能打开，而钻石宝箱则需要12个小时才能打开。除了用时间来打开宝箱，也可以花费宝石

来打开宝箱。

玩家可以从自己的牌库中选择8张卡牌,组成自己的"出战卡组"。玩家最多可以保存3套出战卡组,然后选择一套想要出战的卡组。在对战界面点击"对战"搜索对手,系统会为玩家搜寻与玩家奖杯数相近的其他玩家。玩家拥有的卡牌数等级不会影响对战匹配结果。

对战开始,被选入出战卡组中的卡牌会随机出现在卡槽中(卡槽中会同时出现4种卡牌,卡槽旁会显示下一张将出现的卡片)。每位玩家初始都会拥有5滴圣水(圣水随时间而增加,最多储存10滴圣水),召唤不同的卡牌会消耗数量不等的圣水。

对战时,拖动卡牌,消耗圣水将卡牌召唤到阵地上进行战斗。对战前期只能召唤在己方阵地上。推掉敌人两翼的公主塔可以将召唤范围扩大。

双方阵地各有一座国王塔和两座女王塔。摧毁一个女王塔,可获得一个皇冠;摧毁国王塔(主塔),可获得全部3个皇冠。每局3分钟,3分钟后若平局可加时1分钟。对战结束时,获得皇冠多的一方获胜。摧毁国王塔可直接获得对战胜利。

(2)物品道具。在《部落冲突:皇室战争》中,只有宝箱一种道具。游戏中所有宝箱都根据玩家所在的竞技场等级而定。玩家可以通过消耗宝石来获得宝箱和加速宝箱的开启。越高级的竞技场,开出来的箱子会有更多卡片和金钱。高级竞技场包含低级斗技场的卡片。任何箱子都能开出史诗卡片。任何5阶段或以上竞技场的箱子都能可能开出传奇卡片。游戏中不同类型的宝箱见表6-2。

表6-2 《部落冲突:皇室战争》的宝箱及描述

宝箱名称	宝箱描述
白银宝箱	对战获胜后可获得,解锁需3小时。白银宝箱中藏有金币、宝石和卡牌
皇冠宝箱	每24个小时皇冠宝箱都会出现。玩家通过战斗获得10个皇冠,就可以获得一个免费的皇冠宝箱。玩家上一次还未来得及领取的宝箱是可以被存留的,但是最多只能存留两个。领取完一个皇冠宝箱后,下一个皇冠宝箱的计时才会开启
免费宝箱	也就是木头箱子,每4个小时出现一次。木头宝箱最多可以存留两个。领取完一个免费宝箱后,下一个宝箱的计时才会开启

续表 6-2

宝箱名称	宝箱描述
黄金宝箱	对战获胜后可获得，解锁需 8 小时。黄金宝箱中藏有比白银宝箱更多的卡牌和金币
神奇宝箱	对战获胜后可获得，解锁需 12 小时。神奇宝箱中藏有比黄金宝箱更多的卡牌和金币，还有一张史诗卡
超大宝箱	通过游戏内商店购买可获得，超大宝箱中藏有的大部分是普通卡和稀有卡
超级神奇宝箱	解锁需 24 小时。超级神奇宝箱中藏有着大量金币、宝石和卡牌
传奇宝箱	解锁需 24 小时。其中仅有一张传奇卡，玩家可通过对战或购买获得
选卡宝箱	玩家可以通过二选一从宝箱中选择自己想要的卡
部落宝箱	部落宝箱活动每两周一次，一次 3 天。部落成员可以通过 PVP 对战，为部落收集皇冠，从而解锁部落宝箱。部落宝箱共分 10 级，获得的皇冠越多，解锁的级别就越高，奖励也越丰厚

当玩家等级达到 3 级时，就能解锁部落模块。这时，玩家就能加入或创建一个部落。创建部落需要 1000 金币，部落中共有 4 个职位——成员、长老、副首领、首领，各个职位拥有不同的权限。

加入部落后，玩家能与部落成员进行友谊赛（友谊赛无任何收益）。友谊赛规则中国王与皇冠塔等级上限为 10，普通卡（白卡）上限为 9，稀有卡（橙卡）上限为 7，史诗卡（紫卡）上限为 4，传奇卡上限为 1，加时将会持续 3 分钟。玩家还可以向同一部落成员请求卡片增援。向部落成员索要玩家想要的卡牌，可以请求增援 30 张或 40 张白卡、3 张或 4 张橙卡、3 张或 4 张紫卡。玩家也可以将卡牌捐献给其他成员，捐献卡牌能获得经验和金币。每次只能捐赠 1 张紫卡、1 张橙卡、6 张或 8 张白卡。（备注：①可接受与捐赠卡数量由竞技场奖杯数决定，2600 及以下奖杯数适用低标准，2600 以上奖杯数适用高标准；②紫卡接受与捐赠仅限周日且只有一次）部落之间是有排名的，部落奖杯取决于成员的个人奖杯数。条件是，排名 1~10 玩家的奖杯总数的 50% + 排名 11~20 玩家的奖杯总数的 25% + 排名 21~30 玩家的奖杯总数的 12% + 排名 31~40 玩家的奖杯总数的 10% + 排名 41~50 玩家的奖杯总数的 3%。

在锦标赛模式中进行普通挑战：玩家达到了 8 级之后，就可以通过锦标赛标签或名称搜索并参加附近的锦标赛，或者创建属于玩家自己的锦标赛。创建锦标赛的花费从 500 宝石到 250000 宝石不等。花费的宝石越多，锦标赛可容纳的参赛人数和奖励就越多。在限定的时间内，玩家可以根据个人意愿，不限次数地与其他锦标赛中的玩家进行锦标赛对战。锦标赛对战采用锦标赛规则，即设置了卡牌和国王塔的等级上限。玩家可以通过点击锦标赛排行榜中的"眼睛"图标来观看正在进行的锦标赛对战。锦标赛对战结束后，排行榜中前一半的玩家将获得一个锦标赛宝箱。

此外，还有不定期举行的挑战赛事，包括传奇卡锦标赛、紫卡锦标赛、橙卡锦标赛。不同的挑战中有不同的奖励，从中可以领略到前所未有的对战体验。

三、第一人称射击类游戏基本操作

顾名思义，第一人称射击类游戏就是以玩家的主观视角来进行射击游戏。玩家不像别的游戏一样操纵屏幕中的虚拟人物来进行游戏，而是身临其境地体验游戏带来的视觉冲击，这就大大增强了游戏的主动性和真实感。早期第一人称射击类游戏所带给玩家的一般都是屏幕光线的刺激、简单快捷的游戏节奏。随着游戏硬件的逐步完善，以及各种游戏的不断结合，现在的第一人称射击类游戏为玩家提供了更加丰富的剧情、精美的画面和生动的音效。

1.《反恐精英》基本操作

在《反恐精英》中，玩家被分为"反恐精英"和"恐怖分子"两个阵营，在一张地图上进行多个回合的战斗，最后完成身份目标的一方获胜。其基本操作见表 6-3。

表 6-3 《反恐精英》基本操作

任务	操作
基础的操作	W 键为前进，S 键为后退，A 键为向左，D 键为向右，鼠标左键开枪，鼠标右键使用
购买选单	B 键为进入购买选单

续表 6-3

任务	操作
购买装备选单	N 键为进入购买装备选单
重新选择队伍	M 键为死亡后在下一回合选择队伍
丢弃现在手上的武器	在游戏中，玩家只能携带主要及次要武器。如果要捡地上的武器，则必须按 G 键先丢掉手上的武器
标准无线电信息	进入选单后按下 Z 键来发出信息
团队无线电信息	进入选单后按下 X 键来发出信息
回应无线电信息	进入选单后按下 C 键来发出信息
射击/开火	点击鼠标左键或点击键盘 Enter 键
武器特殊功能	点击鼠标右键可开启某些武器的狙击、消音、三连发功能
装填弹药	R 键为装填弹药
使用	E 键为打开电源，拯救人质，拆除/设置 C4 炸弹
步行	Shift 键为缓慢安静地前进，利于秘密行动
夜视镜	N 键为夜视镜开关
手电	F 键为手电开关
回顾任务指示	I 键为回顾任务指示

2.《使命召唤》基本操作

《使命召唤》全系列的操作基本一致，但每代作品稍有不同。其基本操作见表 6-4（单人）。

表 6-4 《使命召唤》系列基本操作

游戏	移动	蹲	跳翻越	加速跑	手雷	辅助手雷	肉搏	装弹	匍匐	倾身	功能键
COD	WASD	C	Space	—	4	—	Shift	R	Ctrl	Q/E	F
COD：UO	WASD	C	Space	Alt	4	—	Shift	R	Ctrl	Q/E	F
COD 2	WASD	C	Space	—	G	4	Shift	R	Ctrl	Q/E	F

续表 6-4

游戏	移动	蹲	跳翻越	加速跑	手雷	辅助手雷	肉搏	装弹	匍匐	倾身	功能键
COD 4	WASD	C	Space	Shift	G	4	V	R	Ctrl	Q/E	F
COD：WAW	WASD	C	Space	Shift	G	4	V	R	Ctrl	Q/E	F
COD：WAW 2	WASD	C	Space	Shift	G	Q	E	R	Ctrl	—	F
COD：BO	WASD	C	Space	Shift	G	4	V	R	Ctrl	—	F
COD：MW 3	WASD	C	Space	Shift	G	Q	E	R	Ctrl	—	F
COD：BO 2	WASD	C	Space	Shift	G	4	V	R	Ctrl	—	F

部分作品中，也出现过例如望远镜（B）、夜视仪（N）等特殊配件。另外，在《使命召唤：黑色行动》中增加了跑动、匍匐等动作。多人游戏操作除了有单人游戏的基本操作，还增加了一些新的元素，如《使命召唤Ⅳ》增加了连杀奖励。

3. 《守望先锋》基本操作

《守望先锋》是暴雪公司开发的第一人称射击类游戏，2016 年上市。在《守望先锋》中有多个地图和模式供玩家选择，但是大体上仍然是由正方和反方两个阵营各 5 名玩家通过相互对抗，完成地图上的任务，如"守护地点""护送运输车"等而获胜。其基本操作见表 6-5。

表 6-5 《守望先锋》基本操作

任务	操作
基础的操作	WASD 为移动
切换武器	数字 1 数字 2/鼠标滚轮
记分板	Tab 键
必杀技	Q 键
机能 1	左 Shift 键
机能 2	E 键
打招呼	F 键

续表 6-5

任务	操作
装弹	R 键
更换英雄	H 键
近战攻击	V 键
下蹲	左 Ctrl 键
跳跃	空格键
各种社交表情	C 键，操作鼠标键可以往 8 个方向移动

第七章　电子竞技比赛规则概述

一、多人在线战术竞技类游戏比赛规则

多人在线战术竞技类游戏是以对抗为主、防御为辅的游戏类型。玩家利用及运营游戏规则中的小兵、防御塔、野区等游戏内容，以推掉敌方水晶为结束游戏获胜的方式。主流多人在线战术竞技类游戏有《英雄联盟》、Dota、《风暴英雄》、《王者荣耀》等。

（1）赛制。比赛中分为 8 个小组参赛，小组采用 BO1 循环赛制，小组第一名出线。如果有多位选手同分，则看胜负关系。分数如果不相上下，则同分队伍进行 BO1 加赛决出小组排名，八强采用 BO3 单淘汰赛制，A1 Vs B1、C1 Vs D1、E1 Vs F1、G1 Vs H1，最终决出名次。

（2）比赛规则。所有参赛选手在规定的比赛服务器里进行游戏，比赛服账号由选手赛前提交统一开通，所有比赛均为 5V5 阵营房间模式，为征召模式。比赛胜负由系统判定。每场比赛的第一局由裁判组织双方队长猜拳决定，猜中的队伍选择蓝色方或紫色方。第二局开始，双方互换阵营开设建房。进入房间须有效率，裁判发起命令 5 分钟内未有作为的队伍视为弃权。比赛禁选开始至比赛结束全过程不得人为退出游戏，违者视为弃权。队伍中只要有一名选手被视为弃权，则全队取消参赛资格。在比赛时，若发生断网、断电等导致游戏中断无法重连的情况，15 分钟内，比赛可重新开始；超过 15 分钟，若满足以下任一条件，裁判将直接判定胜负：团队竞技差大于 10000，人头差距大于 15，剩余防御塔差距大于 7。如果不满足以上任一条件，比赛将重新进行。

比赛中出现任何突发情况，须立即与裁判联系。裁判做出判罚，选手必须完全服从，否则视为弃权。比赛中不得使用任何第三方软件，否则视为弃权（Q-Talk 除外）。比赛中不得利用任何游戏漏洞，不得使用有严重漏洞的英雄，以现场裁判通知为准。比赛中不得有任何代打行为，一经发现，立刻取消该队比赛资格。超过原定比赛时间 10 分钟未能到场的选手视为弃权。比赛选手必须明确自己比赛时间，必须在原定比赛时间的基础上

提前 30 分钟到场准备比赛。比赛中不得使用带有攻击性或嘲讽性的言语及口吻（包括文字及语言），违者第一次黄牌警告，第二次取消比赛资格。比赛选手必须遵守以上规则。

主流的 MOBA 游戏赛事规则适用于冠军赛、超级联赛、职业联赛、季度赛、常规赛等。

1.《英雄联盟》LPL 比赛规则详解

一支 LPL 队伍可以在 LSPL 中拥有一支队伍。如果该 LSPL 晋级到 LPL，则属于"俱乐部唯一拥有者"规范的范围；如果该 LSPL 队伍进入晋级赛，并与其属于同一单位或法人的 LPL 队伍对阵，也属于"俱乐部唯一拥有者"规范的范围。在这个情况下，需要有一支队伍立刻转让其所有权。如果所有权没有被转让，LPL 官方有权剥夺其作为所有者的权利，而在国内 LPL 和国际赛事上，可能会导致两支队伍均被禁止参赛。任何确凿的证据，均可作为进一步惩罚的依据。

每个 LPL 战队必须有独立的教练/领队（只为该战队效力），不得出现一个教练/领队身兼多支战队职务的行为。

每个 LPL 战队必须拥有独立的战队基地，不得出现多支战队共同拥有同一战队基地的行为。每个 LPL 战队必须遵循 LPL 官方转会制度，不得私自内部调配转换战队。

LPL 赛区和/或任何方面的 LSPL（包括入围赛）中参赛队伍成员在他们最后一次参加的 LPL 或 LSPL 结束之前，不得购买或以其他方式试图拥有/控制 LPL 队伍。

所有正式选手与其效力的队伍之间必须有书面合同。一名 LPL 正式选手只允许为其签约的 LPL 队伍效力，不得同时为一个以上的组织效力，不得列于多支队伍的名单中。为验证这些选手是否已正式签约，各队伍必须为其希望指定为签约的各选手提交选手服务协议汇总表（简称"选手大名单"），其中包括首发选手、替补选手及储备选手。

选手大名单将显示在 LPL 官方网站上，并在队伍正确提交正式文件后更新。当选手签约确认后，该名单的变动会在网站上公布。此网站上的选手大名单将被视为在合理的期限内可以应用的最新名单。名单资格由 LPL 官方自行裁定。

任何队伍不得同时将过去两个赛季在 LPL 联赛和/或任何赛区的职业联赛及甲级职业联赛（包括入围赛，在中国区则特指城市英雄争霸赛）中参赛的不同队伍中任一首发阵容的两名以上选手列于名单中。从甲级职业联赛比赛晋级的队伍在 LPL 联赛第一场比赛中，必须有获得晋级 LPL 名额正式名单中的至少 3 名正式选手参赛。正式选手指在一个赛季中代表队伍参加 40% 及以上的联赛场次的选手。

各队伍需要有指定的主教练作为此队伍的正式教练。主教练向 LPL 官方注册并经过审核之后，在 LPL 官方网站上公布。主教练不能是本赛季甲级职业联赛队伍中的首发选手、替补选手或者正式选手，也不能是职业队伍或甲级职业联赛队伍的所有者或管理人员。教练只能代表一个组织，不能以任何名义成为不同组织的 LPL 队伍的雇员。教练必须出席队伍参加的每一场比赛。

参加总决赛的战队的教练不能出现在全球范围内其他战队的夏季赛战队名单上（无论是作为教练还是队员）。以下这种情况是不被允许的。教练 A 和教练 B 都有资格带队参与季后赛。教练 A 在一个排名中游的队伍，而教练 B 在一个排名靠前的队伍。战队 A 在第一轮季后赛中负于战队 B。战队 B 最终获得总决赛资格。教练 A 成为战队 B 的新教练。

如果以上情形可能出现，教练 A 就可能会因为受到战队 B 邀请担任总决赛教练，而在季后赛中故意送输掉比赛。这种情况会导致教练有多个去总决赛的机会。

队伍可以在一场比赛内替换选手。队伍必须在上一场比赛后，即水晶枢纽爆炸 5 分钟内通知一名 LPL 裁判，并获得换人许可。例如，如果队伍希望替换第二场比赛的选手，则教练必须在第一场比赛后不超过 5 分钟的时间内通知 LPL 裁判，并获得换人许可。队伍的季后赛名单中允许存在 7 名（包括 5 名首发选手和 1～2 名替补选手）有资格的选手，禁止任何例外情况，如遇不可抗力，须提交官方审核。这 7 名选手在季后赛开始后不可更改。如果出现紧急情况，队伍将最多有两个小时寻找比赛的直接替补。如果找不到替补，此队伍将失去比赛资格。而是否将某事件视为紧急情况，则由 LPL 官方判定。

队伍名称、队伍标签及选手姓名的限制为，队伍可以在比赛服务器的选手召唤师名称前加 2～3 个字符作为标签。这些标签必须是大写字母或 0～9 的数字。根据"俱乐部唯一拥有者"的规范，任何职业队伍不得有重名或者相似的名称，并且战队标志不得相似，必须显示其独特性。此外，队伍名称必须为英文。

队伍更名以及战队标志的变更，须提前 10 个工作日向 LPL 官方递交申请，通过审批，方可使用新的名称。队伍只能在转会期申请更名，且每个转会期只能申请更名一次。更名的时候不得与其他战队有相同的元素，亦不得直接使用赞助商的标志作为队伍标志。LPL 官方对此拥有最终审核权。

常规赛阶段由 12 个队伍组成，12 个队伍经抽签分成两个小组。每个队伍每个赛季进行 16 场比赛，以联盟形式与其所在地区的对手进行比赛。每个队伍在每个赛季将与同组的每个对手进行两次比赛，与不同组的每个对手进行一次比赛。双方已预先确定选边，而同组对手在蓝方和红方的次数相同（每边一场比赛）；与不同组对手抽签决定蓝方和红方，如同一年度第二次遭遇同一不同组的对手，则自动确定蓝方和红方（与之前的抽签结果相反）。比赛排名将由积分决定。比赛日程安排可通过 LPL 官方网站获知。

如果在常规赛季结束时有多个队伍打平（即积分相同），就要进行常规决胜赛，那么将根据所有场次净胜场纪录确定入围队伍（净胜场多的队伍排名更高）。如果这些队伍的净胜场纪录相同，则比较相互的对战纪录。如果对战纪录也相同，则这些队伍将进行决胜赛（BO3），以确定最终入围者。

决胜赛将在常规赛结束之后、季后赛开始前进行。打平的队伍将进行比赛，直到确定胜者。如果 3 个或更多队伍打平，则决胜涉及所有队伍的对抗纪录将被纳入考虑范围。如果使用同样的判定方式（即先比较净胜场，再比较相互对战纪录），一个队伍的获胜纪录超过其他队伍，那么该队伍将自动变为最高决胜队伍，剩下的队伍则需要进行新一轮的决胜。如果没有队伍的获胜纪录超过其他队伍，则将使用以下方式决胜。

（1）3 队平局。3 个队伍将进行单轮循环赛。如果比赛结果没有形成高低排名（即明确的 2∶0、1∶1 和 0∶2 队伍纪录），那么，3 个队伍将随机分组进行单败淘汰赛，其中一个队伍将轮空。

（2）4 队平局。队伍将随机分组进行双淘汰赛，在比赛中，队伍将进行 BO3 比赛。4 个队伍将分成两组，首轮比赛获胜的队伍将在比赛 3 中进行比赛，落败的队伍则在比赛 4 中进行比赛。比赛 3 的获胜队伍将成为第一入选队伍，比赛 3 的失败队伍将与比赛 4 的获胜队伍进行比赛，以确定第二、第三名。比赛 4 的失败队伍将成为第四名。

(3) 5 队平局。队伍将随机分组进行单败淘汰赛，两队之间进行入围赛争夺第四场半决赛的位置。比赛将进行第三、第四名决赛，以确定入围队伍。

(4) 6 队平局。队伍将随机分组进行单败淘汰赛，在半决赛中，将有两个队伍轮空。比赛将进行第三、第四名决赛和第五、第六名决赛，以确定入围队伍。决胜赛将通过掷硬币的方式选边。

季后赛阶段包括 4 轮单败淘汰赛，比赛在常规赛季排名前八的入围队伍中进行。常规赛每个小组的第一至第四名队伍将自动获得参加下一赛季的资格。奖项将颁发给排名第一的队伍。每一轮将进行五局三胜制（BO5）比赛。

在每一赛季的季后赛结束后，队伍将根据最终排名获得世界总决赛积分（简称"总决赛积分"）。总决赛积分作为全球总决赛入围和地区资格赛的决定性因素，根据以下规则进行评分。

夏季赛的获胜队伍将自动成为该地区入围全球总决赛的一号种子队伍。该赛季总决赛积分最高的队伍将成为该地区入围全球总决赛的二号种子队伍。

如果夏季赛结束时，多个队伍打平，那么就要进行世界总决赛积分决胜。在夏季赛中获取总决赛积分最高的队伍将成为决胜队伍。如果夏季赛获取的积分仍然相同，则进行 BO3 加赛。

夏季赛季后赛结束时，世界总决赛积分排名前四的未晋级队伍将入围地区资格赛。分数最低的两个入围队伍进行比赛 1。比赛 1 的获胜队伍将在比赛 2 中与第二入围队伍进行比赛。比赛 2 的获胜队伍将在比赛 3 中与第一入围队伍进行比赛。比赛 3 的获胜队伍将代表其所在地区成为全球总决赛的第三入围队伍。所有资格赛均为五局三胜制。

晋级赛和升降级阶段由 4 场比赛组成。赛季结束时，A 组第六名将与 B 组第六名进行一场 BO5 对决，负者将降级至甲级职业联赛，胜者则与 LSPL 季后赛第二名进行晋级赛的角逐。A 组第五名将与 B 组第五名进行一场 BO5 对决，胜者将获得参加下一赛季 LPL 的资格，负者将与 LSPL 季后赛第三名进行晋级赛的角逐。LPL 的队伍将在晋级赛中拥有优先选边权，两场晋级赛的获胜队伍可以参加下一赛季 LPL。

2. *Dota 2* 全国电子竞技公开赛规则详解

（1）赛制。分 8 个小组比赛，小组采用 BO1 循环赛制，小组第一名出线。小组积分相同，则看胜负关系；如果胜负关系相同，积分相同的队伍进行 BO1 加赛决出小组排名。八强采用 BO3 单淘汰赛制，A1 Vs B1、C1 Vs D1、E1 Vs F1、G1 Vs H1，最终决出名次。

（2）比赛规则。游戏版本为 Dota 2 中国服务器最新版本。比赛基本模式为队长模式。

一方认输打出 GG（good game）或者摧毁对方基地。双方队长进行猜拳，猜拳获胜的队伍选择阵营或者 Ban/Pick（BP，禁人/选人）的优先权。例如，A 和 B 两队，A 队随机选择了血量多的英雄后，如果选择阵营，则 B 队可以选择 BP 的先后；或者是 A 队选择 BP 的先后，B 队选择阵营。第二场则由 B 队获得优先选择权。比赛允许共享操作，允许杀死队友，无物品限制，无越位 BackDoor 限制，严禁使用任何 Dota 2 作弊软件。比赛正式开始后，如有双方不负责 BP 的选手在 BP 阶段掉线，则掉线方应立即重连游戏，BP 继续。如果 BP 期间，负责 BP 的选手掉线或者集体掉线导致 BP 无法正常进行，则重开游戏，重新 BP，但是掉线之前的 BP 顺序和英雄选择不得更改。比赛正式开始后，如果发生选手掉线或者其他意外情况，双方各有两次要求暂停游戏，等待掉线选手断线重连的权利。选手在暂停比赛前，必须在公屏上打出"P"后方能暂停，并将暂停原因告知裁判。

比赛特殊情况包括比赛中遇到服务器崩溃或者其他意外情况，导致无法重新连上服务器。遇到特殊情况时，按照以下规则处理。如果游戏崩溃发生在 10 分钟以内，双方重新开始游戏。重新开始后，双方必须选取 BP 阶段选择的英雄进行比赛，任何已经发生的动作，如物品购买、技能学习、首路线、一血等都必须按照之前的状态复原。如果游戏崩溃发生在 10 分钟以上且无法恢复，则由裁判根据双方人头数、掉塔数以及双方的经济和经验差来判定其中一方是否有明显优势。如果有明显优势，则优势一方获胜；如果无明显优势，则重新进行比赛，并且保持 BP 不变。

在比赛过程中，如果出现由于组织者提供的硬件设备引起的特殊情况，导致比赛不能正常进行，选手应立刻告知裁判暂停比赛，由裁判根据当时的具体情况进行裁决。

3. 《风暴英雄》比赛规则详解

（1）赛制。参赛者分为 4 个小组，小组采用 BO1 循环赛制，小组前两名出线。若积分相同，则看胜负关系；若胜负关系相同，则同分选手进行 BO1 加赛决出名次。八强采用 BO3 单淘汰赛制，A1 Vs B2、C1 Vs D2、A2

Vs B1、C2 Vs D1，最终决出名次。

（2）比赛规则。游戏版本使用《风暴英雄》国服最新版本，比赛账号由参赛队伍自行准备。比赛地图库包括天空殿、诅咒谷、恐魔园、鬼灵矿、巨龙镇、黑心湾、蛛后墓，永恒战场随游戏版本更新。小组第一轮第一张地图在天空殿，第二轮第一张地图在诅咒谷，第三轮第一张地图在恐魔园。

8进4比赛第一张地图在巨龙镇，第二、第三张由败者选图。4进2比赛第一张地图在永恒战场，第二、第三张由败者选图。决赛的第一张地图是炼狱圣坛，第二、第三张由败者选图。

比赛采用双Ban赛制。比赛开始前，裁判通过抛硬币方式决定A队和B队。B队将有选择首场比赛使用战场优先权，而A队则可以先进行Ban/Pick（选人和禁人）。双方队伍在选人阶段各有两次英雄禁用的机会，选人按照如下规则进行。

第一轮双方队伍各禁用一名英雄，从A队开始。第二轮A队选一名英雄，B队选两名，然后A队再选两名。第三轮双方队伍各禁用一名额外的英雄，从B队开始。第四轮B队选两名英雄，A队选两名，然后B队再选一名。

每场比赛之后，战败的队伍将优先选择下一场比赛使用的战场，而获胜的队伍则优先选择并禁用英雄。相应地，由于选人阶段一共可以禁用4名英雄，所以每个参赛队员至少需要拥有14名英雄。

当有选手掉线时，裁判在比赛中暂停游戏并等待该选手重新连回比赛，等待时间不得超过5分钟。若掉线5分钟后，该选手仍未连回游戏，裁判可重新开始游戏。每局比赛中，每一方队伍掉线不得超过两次，第三次掉线后，裁判不得暂停游戏以等待该战队掉线选手回归。

如果发现参赛者有任何被认为犯规的行为，则取消其参赛资格。例如，故意断线，使用非标准设置和不被认可的设置，在比赛时对对手进行言语攻击或嘲讽，不服从裁判安排，比赛中使用任何第三方插件及任何代打行为。比赛过程中，选手所使用的计算机上只能运行比赛所选定的游戏软件，如果确实需要使用其他软件，必须经过裁判的同意。在未经过同意的情况下使用其他软件（包括任何形式的外挂，如MAPHACK等）或任何修改客户端的行为都将被视为作弊。

4. 《王者荣耀》KPL（《王者荣耀》职业联赛）比赛规则详解

（1）赛制。KPL 分为春季赛和秋季赛两个赛季，每个赛季分为季前赛、常规赛和季后赛 3 个阶段。KPL 常规赛分为 S 组、A 组、B 组进行主客场制比赛，每组 6 支队伍，分为第一组循环比赛、换组，第二组循环比赛、卡位赛、第三组循环比赛。经过多轮比赛后，S 组和 A 组排名前四的队伍晋级季后赛，其余队伍淘汰；季后赛进行胜者组和败者组淘汰赛，角逐 KPL 总冠军。

（2）比赛规则。所有比赛均为 5V5 王者峡谷征召模式，比赛胜负由系统判定。海选赛至 8 进 4 比赛阶段采用 BO1 赛事，4 进 2 比赛及决赛采用 BO3 赛制（4 进 2 比赛放在海选赛阶段进行完毕）。由裁判组织双方队长猜拳一轮，胜方开设房间。胜方在房间上侧，负方在房间下侧，每局结束需要更换上下两侧。抽签、开设建房、进入房间须有效率，裁判发起命令 3 分钟内未作为的队伍视为弃权。比赛禁选开始至比赛结束全过程不得人为退出游戏，违者视为弃权。队伍中有选手弃权导致可参赛人数不足 5 人时，则全队取消参赛资格。若参赛选手（包括正式队员和替补队员）发生以下不公平游戏行为，包括但不限于串通比赛、事先分割奖金、利用漏洞、窥屏、代打、作弊、干扰、辱骂、殴打对手、侮辱行为（包括对对手、主办方、现场观众等）、演播干扰、违法犯罪行为等，则 WUCG 组委会有权对选手及其战队进行处罚。处罚包括但不限于口头警告、罚款及/或没收奖金、判定弃权、禁赛、取消参赛资格等。

关于掉线判罚的规定为：比赛开始后，一旦发生掉线、账号异常、设备异常、服务器崩溃等无法进行游戏的状况，选手须立即告知裁判，裁判暂停游戏。待异常结束，所有选手均可继续正常游戏，裁判告知双方，由裁判结束暂停，比赛继续进行。如果选手在未得到裁判许可的情况下暂停或者取消暂停游戏，会被认为是影响比赛公平性的行为，WUCG 组委会可以进行仲裁。如果游戏无法暂停且无法正常继续进行，那么赛事组可裁定该局需要重新开始。比赛双方须直接使用普通房间，选择同样的英雄、召唤师技能、铭文等进入游戏。如私自更换，裁判可直接判负。WUCG 组委会有权根据比赛现场情况进行仲裁。

二、第一人称射击类游戏比赛规则

第一人称射击游戏包括《反恐精英》《使命召唤》《守望先锋》等。下面以主流 FPS 为例,具体说明比赛细则。

1.《反恐精英 Online》比赛规则详解

(1)基本规则。游戏版本为《反恐精英 Online》,参赛人数为 10 人(5V5),每回合时间为 2 分钟。开始时以猜币方式决定角色,胜者可以优先选择上半场的阵营。

(2)队伍组成。每队 5 人,必须有固定的队伍名称和一名队长。每队允许有两个替补名额,但替补选手只能在比赛半场结束时进行替换。

(3)比赛模式。比赛采用竞技模式,上下半场共 30 个回合,每队作为反恐精英方和恐怖分子方各 15 个回合。比赛地图于各个赛期临时决定,如"沙漠 2"(de_dust 2)。胜负判定规则为按照双方的取胜回合数进行判定,先赢得 16 个回合的一方获胜。如果出现 15∶15 平局的情况,则加赛 6 个回合,每队作为恐怖分子与反恐精英各 3 个回合。

比赛将按照由赛事官员提供的赛制架构和赛事时间表进行,鼓励选手们确认自己的比赛时间,以免造成延误或者弃权。比赛开始前,比赛双方队长须到赛方处报到。队长是 5 名队员中的一员或队伍正式的教练。在整个赛事过程中,队长只能由一人担任。队长的职责是代表队伍与赛方交流。队长负责在比赛之前选择地图和选边,并向赛方提出申诉或反映其他问题等事宜。

单场比赛的地图选择顺序:A 队从 5 张地图中去除一张地图,B 队从剩下的 4 张地图中去除一张地图,B 队从剩下的 3 张地图中去除一张地图,A 队再从剩下的两张地图中去除一张地图。比赛将在没有被去除的地图上进行。A 队和 B 队由抛硬币决定。选边将由比赛服务器自动选择或者投硬币决定。加时赛阶段下半场,做恐怖分子方的队伍将留在恐怖分子方开始进行加时比赛。

三局两胜比赛的地图选择顺序为:A 队从 5 张地图中去除一张地图,B 队从剩下的 4 张地图中去除一张地图,B 队从剩下的 3 张地图中选出一张地图,A 队再从剩下的两张地图中选出一张地图。比赛在 B 队选出的地图上开始。第二场比赛则使用 A 队选出的地图。如果双方各赢一局,那么最后一场比赛将在剩下的一张地图上进行。A 队与 B 队由抛硬币决定。在选择地图上比赛时选择该图的队伍有权利选边。如果出现第三场比赛，选边将由比赛服务器自动选择或者投硬币决定。加时赛阶段下半场，做恐怖分子方的队伍将留在恐怖分子方开始加时比赛。

正式比赛只有在裁判员给出信号后才可开始。任何未经裁判员示意而开始的比赛将被判为非正式比赛。参赛者必须在接到官方宣布开始信号的时候就位，并有 1 分钟的时间准备开始比赛。

正式比赛期间，以及比赛暂停时，选手都不得与同比赛无关的人员交流。与比赛相关的人员是指参加该场比赛的队员和赛方人员。除非赛制允许或经过比赛官员同意，选手不得在正式比赛中途离开。如果比赛因非人为因素（如选手的机器故障、服务器故障、掉线等）而中断，比赛官员将根据下列情况裁定是否重赛。如果问题出现在第一局结束之前，而出问题的队员在游戏中被击杀，则整个半场将进行重赛。如果问题出现在第一局结束之后，此半场剩余回合将继续进行。中断的半场比分将被附加到新的半场比分之上。因比赛中断而产生的游戏金钱损失不予补偿。如果选手的电脑出现系统崩溃或者断线情况，该队员须尽快回到比赛当中。一方可以在本局结束后暂停比赛，以便让选手回到比赛当中。除非得到裁判允许，否则任何一方不得中断正在进行的比赛。

如果一方认为在比赛中对手犯规侵犯到自身利益，选手不得停止比赛，但可以通过正当方式结束比赛。比赛结束后，队长可正式向赛方提出调查的申请。在调查过程中，须尽量向赛事主管单位提供有价值的信息，以方便其调查工作的进行。无证据或滥用本权利将被处罚。

比赛结束后双方队长须向赛方提供比分并在比赛报告表上签字。一旦签字，双方不得改写比分或者申诉。

禁止在比赛中出现下列行为，违者将被处以警告或者惩罚：使用控制台、任何形式的脚本，利用改变游戏主题的漏洞（如出生点漏洞），穿过墙壁、地板和房顶行进，空中行走，使用无声雷（埋无声 C4 包），埋不可拆的包（不包括需要多名选手才能拆的包），透过墙壁和房顶拆包。

可以搭人墙，但不可利用其使地图纹理、墙壁、天花板、地板变为透明或可穿透。禁止通过队友开枪实现加速或上升。禁止使用闪光弹漏洞，禁止透过墙下投掷闪光弹，允许将手雷扔过墙壁和屋顶，手雷数量不做要求。禁止使用漂浮和穿越地图观察，禁止蹲或站在不可见的地图边缘，允许无脚本练跳，禁止将蹲键绑定在鼠标上，允许在箱子后面使用小跳。在一些地图上，某些行为是被禁止的：如在 de_dust 2 图中，某个箱子可站多名选手，但不可在此基础上搭人墙；在 de_train 和 de_dust 2 图中，禁止通过墙壁下沿观察对手。

选手的以下任意一项犯规行为都会被提醒和警告：拒绝接受赛事官方的指示，参加日程中安排的活动迟到，用语言或行动表达不满情绪，使用污辱性的语言或手势，有违竞技精神的行为。

选手的以下任意一项犯规行为都会被警告并被取消比赛资格：受到超过一次以上的警告，带头寻衅滋事，使用任何非法或违规的手段，误导或欺骗赛事官员，未出席日程表上安排的赛事，违反章程中的任何一条。

被取消比赛资格的选手如果正在比赛中，则即刻被判负。如果未在比赛中，则自动放弃下一场比赛。在赛事经理和赛事总监对犯规行为进行研究后，被取消比赛资格的选手有可能被追加处罚。例如，被判自动弃权多场比赛，被取消选手资格和被禁止参加下一年的赛事。被取消选手资格的选手将自动放弃之后所有比赛，并失去所有权益和奖项。小组赛阶段中，之前的战绩将作废，并被判为自动弃权。所有积分将重新进行计算和分配。不论是否故意，在比赛中使用闪光弹漏洞的队伍或个人总比分将被扣除 3 分。

2.《使命召唤 Online》排位赛规则详解

《使命召唤 Online》勇者游戏排位赛第一赛季的指定排位玩法为"勇者游戏"模式的单人战斗。每日前 5 场战斗中成绩最好的 3 场，计算幸存者游戏的排位积分。前 5 场战斗中，游戏结束时，玩家按照单人排名获得相应的积分。玩家获得统一排位积分的同时，还将根据当场游戏得分排名，获得额外的排位奖励积分。

单人比赛积分规则为：第 1 名积 50 分，第 2 名积 45 分，第 3 名积 40 分，第 4 名积 35 分，第 5 名和第 6 名积 30 分，第 7 名和第 8 名积 20 分，第 9 名和第 10 名积 15 分，第 11 名和第 12 名积 10 分，第 13 名和第 14 名积 5 分，第 15 名和第 16 名积分为 -5 分，第 17 名和第 18 名积分为 -10 分。

双人比赛积分规则：队伍第 1 名积 50 分，队伍第 2 名积 40 分，队伍第 3 名积 30 分，队伍第 4 名积 25 分，队伍第 5 名积 20 分，队伍第 6 名积 10 分，队伍第 7 名积 5 分，队伍第 8 名积分为 -5 分，队伍第 9 名积分为

−10 分。

前 5 场战斗中，若玩家在未阵亡的情况下中途退出，则不按照排名获得积分，本场积分直接按照 −20 分计算。双人战斗，一人退出，不影响队伍中另一名玩家按照规则获得积分。

《使命召唤 Online》勇者游戏排位赛分为 6 个大段位，分别是青铜段位、白银段位、黄金段位、铂金段位、钻石段位和战神段位。除了战神段位外，每个大段位均有Ⅰ、Ⅱ、Ⅲ 3 个小段位。

晋级规则为所有参加当前赛季比赛的玩家，默认的初始段位均为青铜Ⅲ段位，幸存者游戏排位积分为 0 分。按照参赛和积分规则，积累排位积分，可提升段位。同一大段位内，按照Ⅲ→Ⅱ→Ⅰ的顺序晋升。跨段位时，按照青铜Ⅰ→白银Ⅲ、白银Ⅰ→黄金Ⅲ、黄金Ⅰ→铂金Ⅲ、铂金Ⅰ→钻石Ⅲ、钻石Ⅰ→战神的顺序晋升。

《使命召唤 Online》勇者游戏排位赛第一赛季规则为：《使命召唤 Online》勇者游戏排位赛奖励分为段位奖励和赛末奖励两部分。①段位奖励。在玩家达到或超过指定段位时，可立即点击领奖按钮领取对应奖励，奖励将发放到绑定的对应大区。②赛末奖励。需要等到赛季结束才能点击领奖按钮领取对应奖励，奖励计算方式按照最终段位计算，奖励将发放到绑定的对应大区。赛末奖励至少需要达到青铜Ⅱ段位，才能领取青铜段位的奖励。

3. 《守望先锋》暴雪赛事规则详解

2018 年，《守望先锋》的比赛包括《守望先锋》公开争霸赛（OWOD）、《守望先锋》挑战者系列赛（OC），以及挑战者系列赛的选拔赛——《守望先锋》联赛（OWL）。以下规则主要面向 OC。OC 的一个赛季约为 3 个月，全年将进行 3 个赛季的比赛。

玩家只要不是在暴雪公司工作，就都可以参加比赛，几乎没有门槛。选手名字不得带有广告赞助元素。参赛选手允许在设置了 3 分钟以上延迟的情况下直播比赛。所有 OC 队伍会得到一个参赛许可证，未经许可，不得转让。每支队伍最多可有 9 名队员和 1 名战队经理、6 名正式选手和 3 名替补选手。OC 队伍拥有者必须是国内正式注册的公司。如果是 OWOD 晋级上来的无归属的队伍，暴雪公司会协助队伍的所有权转让。

OC 赛事期间会有阵容锁定期，进入锁定期后不得更改选手名单，而阵容变化需要向赛事管理报备。OC 队伍与选手之间订立合同，不得禁止选手与守望先锋联赛队伍接触，并且允许选手在收到《守望先锋》联赛书面通知的情况下终止合同。

选手如果进入守望先锋联赛队伍，那么原队伍将得到该选手年薪和签字费总和的 25% 作为转会费，并且应该在执行合同的 30 天内支付到账。

12 支队伍将分成两个小组，进行组内的单循环赛。最终积分前 8 名的队伍进入季后赛。后 4 名的队伍进入升降级选拔赛。比赛的规则与 OWL 季前赛相同，双方将打满 4 个类型的地图。赞助限制为，队伍与选手的赞助的展示需要经过赛事管理的审核。暴雪公司可能自己保留某些类别的赞助，同时禁止赌博、色情、枪支等类别的赞助。

总体而言，2018 年的奖金体系对不同实力的队伍比较友好，对于一支进入 OC 的队伍来说，3 个月至少 4.3 万元的奖金能在一定程度上减轻队伍的成本压力。

三、即时战略类游戏比赛规则

即时战略类游戏的战略谋定过程必须是即时的。如果只有战斗是即时的，而采集、建造、发展等战略元素却以回合制进行，则该游戏不能归为即时战略类游戏。

一般来说，大多数即时战略类游戏包含如下的步骤：利用工兵或 MCV（worker，或称"农民"）来建设基地；利用工兵/农民、专用的单位，甚至建筑物来采集资源；用采集到的资源来建造基地、研发科技等；侦察、寻找更多的资源，以保证建设能持续进行；摧毁、消灭敌人，游戏结束。

除了有时候单人游戏会有特殊的任务需求外，即时战略类游戏一般都以摧毁敌人作为任务目标和游戏结束的方式。其结束的方式有摧毁所有敌方单位和建筑物等。若敌人无法在指定时间内重建，则游戏结束。先于敌人完成特殊的任务，驻守某块领地一定时间获得胜利；最终杀死敌方领导人（某人物）或摧毁关键建筑获胜。

主流 RTS 游戏有《魔兽争霸》《星际争霸》等，下面以《星际争霸 II》为例来说明此类游戏的规则。

1.《星际争霸 II》中国区比赛规则详解

赛制分为 4 个小组，小组采用 BO3 循环赛制，小组前两名出线（积分相同，先看净胜分。净胜分相同，再看胜负关系。净胜分与胜负关系都相同，同分选手进行 BO1 加赛，决出小组排名），八强经 BO5 单淘汰赛制、A1 Vs B2、C1 Vs D2、A2 Vs B1、C2 Vs D1，最终决出名次。游戏版本为《星际争霸Ⅱ：虫群之心》最新版本，比赛平台是中国地区服务器，比赛地图将根据天梯地图库做调整。

比赛规则胜负判定：一方认输，打出 GG 或摧毁对方全部建筑物，迫使对方退出游戏，继续游戏一方获胜。

弃权判定规则：选手在规定比赛时间没有签到将被判定为弃权；选手不得在读秒阶段变更种族，否则将视为弃权。

由于计算机配置不同等相关原因，选手应提前做好网吧等地计算机死机等情况的快速补救准备。例如，在随身 U 盘或移动硬盘中携带游戏文件。这样，在网吧计算机系统恢复原始状态后，能够快速回到比赛。

断线判定：选手未经裁判同意故意断线或使用非正常手段造成断线等行为，经查实后，将被视作犯规行为而被判负。如果比赛中发生由于比赛用机、网络等原因造成的非故意断线，断线双方进入录像断点重新进入比赛。

平局判定：当比赛进行到出现双方均无法消灭对方的状态时，若此时比赛时间不足 20 分钟，则重新进行比赛。若此时比赛时间超过 20 分钟，满足下列情况，将判定积分高于另一方 20% 的选手获胜：地图上资源采集殆尽或双方都无法继续采集资源；双方都没有足够的兵力消灭对方。积分未满足上述判决条件的，此场比赛将被判为平局，重新进行比赛。比赛过程中，选手所使用的计算机上只能运行比赛所选定的游戏软件。如果确实需要使用其他软件，必须经过裁判人员的同意。在未经过同意的情况下使用其他软件（包括任何形式的外挂，如 MAPHACK 等）或任何修改客户端的行为都将被视为作弊。

四、集换式卡牌类游戏比赛规则

游戏分为 8 个小组，小组采用征服三循环赛制，小组第一名出线（积分相同，先看净胜分。净胜分相同，再看胜负关系。净胜分与胜负关系都相同，同分选手进行 BO1 加赛，决出小组排名。如产生加赛，加赛卡组现场重组），八强采用征服三单淘汰赛制、A1 Vs B2、C1 Vs D2、A2 Vs B1、C2 Vs D1，最终决出名次。主流的集换式卡牌游戏包括《炉石传说》《三国杀》《万智牌》等。下面是主流 TCG 游戏规则介绍。

1. 《炉石传说》比赛征服三规则详解

比赛规则卡组是小组赛，征服三规则要求每个选手必须事先递交 3 副不同职业的卡组。赢得比赛的选手，其每副卡组都必须且只能赢得一场对局。如果一名选手使用一副卡组取得了一场对局的胜利，就不得再使用这副获胜过的卡组。当场对局的败者，在下局中可以选择更换卡组，也可以选择不更换卡组。进行比赛时，双方都会被告知对方哪些职业是可用的，但不会被告知对方下局对决中会选择哪个职业，直到比赛开始。

卡组在比赛日当天不得有任何更改，每个比赛日参赛选手牌库内只能保留 3 套比赛卡组，参赛选手在每个比赛日开赛前必须将每套比赛卡组截图发至裁判邮箱。在比赛结束后，必须对比赛结果进行截图。比赛过程中若有选手掉线，应立即示意裁判，并尝试通过短线重连功能恢复比赛。在比赛时，若发生断网、断电等导致游戏中断无法重连的情况，裁判可判定当局是否存在必胜情况。

比赛中出现任何突发情况，须立即与裁判联系。裁判做出判罚，选手须完全服从，否则视为弃权。

比赛过程中，选手所使用的计算机上只能运行比赛所选定的游戏软件。如果确实需要使用其他软件，则必须经过裁判人员的同意。在未经过同意的情况下使用其他软件或任何修改客户端的行为都将被视为作弊。比赛最终解释权归 NESO 赛事组委会所有。

2. 《三国杀》规则详解

《三国杀》共有 160 张纸牌：身份牌 10 张、游戏牌 104 张、角色牌 25 张、体力牌 10 张，以及 2 张空白身份牌、5 张空白角色牌和 4 张空白游戏牌（大小王）。

游戏开始前，首先挑选出与玩家数量对应的几张身份牌，并给每名玩家随机分发一张身份牌。如果某位玩家拿到主公，须立刻亮出身份牌。除了主公外，其他玩家的身份一定要保密。

胜利的条件是由拿到的身份牌决定的：主公和忠臣胜利的条件是消灭所有反贼和内奸，反贼只需杀死主公就能获得胜利。因此，忠臣的重要职责是保护主公。内奸则只有当除了自己之外的所有人（包括别的内奸）都阵亡时，才能取得胜利。

《三国杀》有 25 张角色牌，每个角色都是一个三国人物，每个角色都有自己的角色技能。角色牌上方的勾玉的个数，表示这个人物的体力上限。主公的体力上限在他挑选的角色的体力上限基础上增加一点。角色牌上的国籍在使用主公技能时会用到；同时，在进阶的转世规则里也有所涉及。首先由主公挑选角色牌。分给主公玩家"曹操""刘备""孙权"和另外两张随机抽取的角色牌，一共5张角色牌。由主公玩家挑选一个角色扮演，并将选好的角色牌展示给其他玩家。然后，由其他玩家挑选角色牌。随机分发3张角色牌给除主公外的每名玩家（10人游戏时，每人分发两张）。每人从这3个角色中挑选一个扮演。将挑好的角色牌扣在自己面前，所有玩家都挑选好后同时翻开，并且展示给其他玩家。主公和忠臣不一定是一个国家的，反贼和主公也可能是同一个国家的。

　　准备开始，将剩下的身份牌和角色牌放在一边，暂不使用。接着，将游戏牌洗混，面朝下放成一堆，置于桌子中央（称为"牌堆"）。每名玩家从牌堆摸取4张游戏牌作为起始手牌，然后，向每名玩家分发一张体力牌。体力牌上勾玉的数量表示体力值。将体力牌与自己角色体力上限相等的一面向上放在桌上。初始的体力值等于体力上限。以后每扣减一点体力，便用角色牌挡住一个勾玉记号。

　　游戏是从主公开始的，每名玩家有一个游戏回合，按回合轮流进行。一名玩家的游戏回合结束后，由他右手的玩家开始自己的回合。每名玩家的游戏回合都分为判定、摸牌、出牌、弃牌4个阶段。玩家有时候可能需要进行判定。也就是说，某角色当前体力值是2，弃牌阶段时玩家手里有3张手牌，则他需要选择一张弃掉。在弃牌阶段之外，当手牌超过体力值时，无须弃掉。手牌数量小于等于体力值时，不能主动弃牌。例如，周瑜的技能是摸3张牌，那么，在他的摸牌阶段，就应该是摸3张牌，而不是两张。需要特别说明的是，当规则与卡牌文字冲突时，角色技能优先于游戏牌文字，而游戏牌文字又优先于游戏规则。若牌堆被摸完，将弃牌堆的牌重新洗混后循环使用。

　　任何时候，如果某角色体力值减为0，则角色死亡。死亡的角色手牌和该角色面前已装备的装备牌放到弃牌堆。角色死亡的玩家亮出身份牌，并退出游戏。此后游戏需要计算距离时，可忽略已死亡的角色。任何人杀死反贼可获得摸3张牌的奖励。如果主公误杀了忠臣，则需要弃掉所有手牌和已装备的装备牌。如果角色死亡导致任意一方的胜利条件达成，则游戏立即结束。

3. 《万智牌》折叠限制赛规则详解

（1）轮抽（draft）。玩家的人数要 4 人或以上，以 3 包卡包来组成至少 40 张的卡组。在开卡包时，玩家在 15 张牌内选一张，然后把余下的牌传给下一位玩家，以此类推，直到把 3 包卡包的牌分完。

（2）现开（sealed deck）。进行比赛之前，每位牌手各自打开未拆封的含 15 张卡牌的补充包 6 包。若是在比赛中，登记后交由比赛组织者重新发放，然后从这些牌中组成至少 40 张的卡组（基本可以随意使用。例如，使用自己准备的及主办方提供的基本地）。这种比赛形式多在售前赛前使用。

折叠构筑赛分为特选（vintage，又称 T1）、薪传（legacy，又称 T1.5）、标准（standard）、近代（modern）和扩充（extended）5 种赛制，区别在于可供选用的牌的数量不同。其中，特选和薪传除禁限牌外，可以使用从《万智牌》发行以来所有的牌，按套牌组成规则组成套牌进行游戏。而标准和扩充则有发行系列的使用限制。标准（又称"T2"）是最普遍的赛制环境，约 80% 的构筑赛事属于 T2 赛制。牌组没有固定的牌数限制，但规定牌数必须控制在能够双手一次洗牌范围内。

（3）双头巨人（two-headed giant）。DCI 开始推广的比赛方式。这种比赛有 4 个人参与，每两个人组成一队，成为一个"双头巨人"进行游戏。进行游戏（在《万智牌》中被称为"对战"）的双方必须有各自的一副牌的组合（称作"套牌"，它的组成受到一些规则的限制）。在对战开始的时候双方各有 20 点生命（一种计分方式）。由先手的玩家开始，两位或多位玩家轮流进行自己的回合。游戏的目标是，在自身存活时，设法将对方的生命降至 0 或以下，或迫使对手无牌可抓，或使对手获得 10 个中毒指示物，或利用特殊咒语使其输掉此盘游戏。从第 6 版开始，《万智牌》使用堆叠的概念来进行游戏。这个机制和计算机编程中的同名概念类似，增加了游戏纵向互动性和趣味性。

4. 《部落冲突·皇室战争》比赛规则详解

邀请赛赛制：每组 8 人分为两组进行小组内循环积分赛，积分前两名晋级。比赛开始后，每名选手可分别禁用一张卡牌并单独告知裁判，然后裁判将公布选手已禁用卡牌，被禁用卡牌的两名选手均不能使用（若两名选手禁用同一张卡牌，则本场只禁用一张卡牌）。比赛为 KOF 赛制：两名选手分别用 3 套卡组对决，失败选手在下一局使用下一套卡组，直至某位选手3套卡组全部失败。如所有选手攻击次数使用完毕，则认为比赛流程完毕，依据游戏规则判断胜负。

每名选手分别有5分钟的时间搭配卡组，每名选手须搭配3套卡组（卡组可以相同）并在搭配完毕后分别分配至游戏内1、2、3号卡槽内告知裁判确认。在裁判确认后，两名选手到舞台中央指定位置进行比赛。每回合比赛结束后，失败一方的选手可随意更改2、3号卡组的顺序。

春季赛赛制 CRL 春季赛采用紧张刺激的团队赛模式，每场团队赛有3～5盘比赛，按照1V1、2V2、1V1、1V1、KOF的顺序进行，率先获得3盘胜利的队伍赢得整场比赛。两队各自派出1名选手进行 BO3 的 1V1 对战，双方各 BAN（禁用）一张卡。两队派出未参加首场 1V1 对决的两名选手进行 BO3 的 2V2 对战，双方各 BAN 一张卡。KOF 为 BO1 的 3V3 对战，两队3名选手排序出战，整盘 KOF 只进行一次 BAN 卡。胜方选手继续接受挑战，败方更换下一名选手上场。在每一小局比赛中，双方都可以更换卡组，直至一方击败对方全部3名选手，获得整盘胜利。

五、格斗技术类游戏比赛规则

主流的格斗技术类游戏包括《拳皇》《街头霸王》等。以下是此类游戏细则详解。

1.《拳皇》KOF 排位赛规则详解

KOF 排位赛是实时匹配的 1V1 玩法，采取五局三胜制。系统将根据玩家当前的段位进行自动匹配，寻找合适段位的对手。匹配成功后，玩家可以自行选择出战的3名格斗家，并排定出战顺序。单局60秒内，击败对手或倒计时为0时血量高于对方，即本局获胜。率先赢下3局者获得本场 KOF 胜利。单局获胜方格斗家将继续参与下一局战斗，直至比赛结束。KOF 是平衡属性的实时单人 PVP 比赛，双方拥有一致属性，不存在额外的战斗力加成。这对于每个参赛的玩家而言，是相对公平的。排位赛中，每次胜利都会获得一个奖杯，失败则会失去一个奖杯。当本段位奖杯数足够时，将晋升一个段位，不足时则下跌一个段位。参加 KOF 排位赛可以获得丰厚的奖励。

2.《街头霸王》比赛规则详解

选手须在比赛当天提前抵达赛场进行赛前调试等工作。比赛摇杆统一由主办方提供。每个大场期间，选手不得更换游戏人物。比赛单局时间为99秒，胜负由系统判定。比赛中如出现不可控因素造成游戏中断，则无条件重赛；如选手造成游戏中断，则该单局比赛被判负。

如晋级八强赛，8名选手进行BO3单循环赛制，前4名晋级半决赛。（胜场相同情况下，比较胜负关系、小分。如有死循环，进行BO3循环加赛，直至最后出线）八强赛胜出的选手进行半决赛，4名选手进行BO9单循环。（胜场相同情况下，比较胜负关系、小分。如有死循环，进行BO5循环加赛，直至最后出线）

六、多人在线模拟体育运动类游戏比赛规则

体育类运动游戏与卡牌类赛制相同，设A～H 8个小组。小组采用BO3循环赛制，小组第一名出线（积分相同，先看净胜分。净胜分相同，再看胜负关系。净胜分与胜负关系都相同，同分选手进行BO1加赛，决出小组排名）。八强采用BO3单淘汰赛制，A1 Vs B1、C1 Vs D1、E1 Vs F1、G1 Vs H1，最终决出名次。体育类游戏（或称"运动类游戏"），是一种让玩家模拟参与专业的体育运动项目的电视游戏（或电脑游戏）。该游戏类别的内容多数以知名度高的体育赛事（如美国职业篮球联赛、世界杯足球赛）为蓝本。比赛规则与现实中的真实体育赛事一致。多人在线模拟体育运动类游戏有《足球经理》《皇室战争》《实况足球》等。下面是此类游戏规则详解。

1. *FIFA Online 3* 比赛规则详解

（1）球队组成规定。比赛使用比赛服务器，每名参赛选手有40个发令包挑选（2006、2007、2008、2009、2010、2014赛季）球员，球员等级设定为+1的20级球员，球员状态保持为向上。在比赛服务器中，禁止强化和交易球员。比赛阵容确定后不得更改，一旦出现更换球员的情况，组委会有权取消选手的参赛资格。

（2）比赛时间。比赛时间为6分钟，平局则进行加时赛和点球决胜。游戏赛制类似于实际的足球比赛规则，比赛采用邀请对战的方式进行，玩家间需要在第一时间互加好友。游戏中，每位选手拥有3次暂停比赛的机会。

（3）小组循环赛规则。仅计算小组胜负，不计算小分。记分规则为，

胜1分、负0分。小组赛中积分高者晋级。在积分相同的情况下，比较并列的几队之间的胜负关系，胜者晋级。如按照以上规则比对，仍然无法确认排名先后，则由当值裁判及工作人员进行裁定，以最符合当时情况的方式决出晋级选手。

（4）选手的设置规则。比赛可以使用外设，但仅限于键盘、手柄、鼠标、耳机，其他外设不可使用。在比赛过程中，选手自带外设失灵导致的后果由选手自行承担。选手确认英文名后，在比赛过程中不允许修改。禁止使用40名以外的球员。

比赛限制包括：球员组合系统无法在比赛中使用。允许使用自定义阵形。允许任意调整球队战术。如果公众需要，参赛选手有义务展示他们的球队战术面板，并讲解阵形设计原因。故意将球踢进自家大门，将被直接判为弃权。弃权后，当场比赛的比分将被记为0：2。为提高竞赛项目的观赏性和精彩程度，对于倒脚做出如下限制：同一场比赛如果出现3次或者以上此类情况，则裁判有权对倒脚一方进行判负处理。球员在后场接球后必须在比赛时间5分钟内传递到前场。一次进攻中从前场传回后场次数不得超过两次（一次进攻传终止定义为球队的交替，获得定位球不算一次进攻结束）。一次进攻中连续获得多次角球，发短角球的次数不得超过两次（即一方罚角球第一次选择短角球，在球权交替前，被对手碰出底线，再次获得角球，允许再罚一次短角球。如果再获得角球，将不得再罚短角球）。

（5）关于比赛中断的处理。如果参赛选手主动断开连接，则直接判负。以下情况发生时，比赛比分将被保留，比赛将重新开启并从断线时间点继续比赛：现场断电/现场网络不稳定，延迟严重/OB出现状况/现场骚乱或突发状况。罚点球过程中，如果在点球即将进球但没有进球的情况下（如球飞往左边，门将扑向右边）发生断线，将被视作进球。如果在加时赛后的点球大战中断线，那么比赛将重新开启，并采用金球制，率先进球者获得比赛胜利。

对于犯规的惩罚有：单场比赛中被警告两次将被判负。赛事组委会有权对突发状况做出裁决。

（6）特殊问题解决方案。在比赛过程中出现问题，如明显延迟、游戏卡顿、游戏黑屏等，选手应举手并联系当值裁判，私下解决将被判负。游戏过程中，如出现选手自带外设失灵情况，其需要自行承担后果。由于不可抗力因素，如网吧断电、断网、游戏服务器宕机等情况导致比赛中断，在恢复正常后，模拟中断比赛时的比分与时间并继续游戏。例如，比赛第71分钟，比分1：1，A选手球权时网吧断电，则重开一盘，双方各进一个乌龙球，比分还原至1：1，时间自动流失到71分钟，球权交至A选手，比赛继续进行。

（7）比赛高压线。违反以下任意高压线的选手将被立即取消比赛资格，官方保留永久禁赛权利：不允许有任何形式的打架斗殴、辱骂他人及其他严重违反道德的行为。不允许使用任何形式的外挂软件或第三方软件（QTalk除外）。比赛ID和QQ号一旦使用，将无法再次修改；修改ID将被立即取消比赛资格。如有突发情况，应积极配合当值裁判及工作人员。当值裁判及工作人员有权对突发情况做出裁定。如对裁定有异议，可通过官方赛事投诉通道进行申诉。现场大声喧哗或不服从裁判的选手，将受到追加处罚，官方保留永久禁赛权利。

2.《实况足球》赛制与规则详解

（1）基本情况。《实况足球》联赛以PS3游戏机的《实况足球2012》为游戏平台，联赛中各选手使用球队为俱乐部队，队伍名称在赛季内不得改变。每支球队允许至多两人报名组队，但每一场比赛只能一人上场参赛。联赛原则上在每周日下午14：00进行，每周进行3轮，具体时间以赛程为准。联赛优胜者和最终获得荣誉称号的选手将有不同程度的奖励。根据联赛最终积分结果，从参赛选手中评选，获得荣誉称号的玩家及拥有获得荣誉称号球员的玩家都将得到不同程度的奖励。如果奖项出现某人重复获得的情况，则奖励累积。目前联赛设立以下奖项：名次奖（奖励联赛前3名）、最佳射手奖（奖励联赛最佳射手的所有者）、全勤奖（从不缺席比赛的球队中投票选出一名）。

（2）比赛规则。联赛采用主客场四循环制，每场比赛时间为游戏中规定的10分钟。联赛排名以积分决定，积分规则为胜3分、平1分、负0分。如有弃权情况出现，则该场比赛以弃权方本场比赛为自动认输不得分，对手得3分来计算。选手可自备手柄，但选手必须保证所准备的手柄不会影响比赛，如以自带的手柄不好用等借口中断比赛，裁判可立即拒绝其要求。比赛各项设定均为默认值。

（3）排名原则。排名依如下顺序：联赛积分、联赛总净胜球、联赛总进球。联赛中红黄牌将累计，累计两张黄牌停赛一场，得到红牌停赛一场。联赛中，比赛视角为默认镜头，比赛环境设定为天气随机，场地及球衣样式由主场队伍决定。联赛中每场比赛每队允许换3名球员。选手可在比赛开始前设定自己的各种键位。各场比赛严格按照赛程进行，迟到15分钟以上者，取消其当场比赛资格，视为自动弃权。如有特殊情况不能按时到场，必须至少提前一个星期向裁判请假说明，裁判将对其安排处理。如双方无法达成补赛时间，则按请假方弃权处理。累计请假达到3次者，扣除其联赛积分3分；累计请假达到4次者，扣除其联赛积分6分；累计请假超过4次者，裁判方有权将其除名。

（4）关于犯规情况的处理。裁判的任何处罚必须在出现犯规时立即提出。自身或自己同伴直接侮辱、辱骂比赛对手或出现类似严重问题的，只要被对手投诉，经当场比赛裁判确认，即被开除出联赛，其之后的所有比赛以弃权计算（犯错后有悔改态度，向当时对手认错并得到原谅的，可以酌情另行考虑恢复其资格事宜）。在比赛时大声喧哗、与他人谈话、吸烟等，只要对手明确提出反对，当场比赛裁判确认后，对其进行警告；屡次警告无效或警告之后依然明显故意影响对手及恶意对抗比赛裁判的，则取消其当场得分，以弃权计算。在比赛时与自己同伴交谈，同伴针对对手情况对其进行指导的，只要对手明确提出反对，当场比赛裁判确认后，将对其进行警告；屡次警告无效或情节严重的，必要时，取消其当场得分，以弃权计算。实现预谋制造的假球，经比赛裁判发现并提出，将取消当场的一切数据，双方各扣除联赛积分3分；情节严重的，取消其参赛资格。如遇断电、死机等不可预知的意外情况，比赛双方协调解决，如双方无法达成一致，则不计之前比分，进行重赛。

第八章　主流电竞战术

一、多人在线战术竞技类游戏战术

多人在线战术竞技类游戏的主流战术有上野压迫战术、双游走战术、41分推战术和后期出现的四保一战术等,主要目的都是压制对方野区,快速侵占对方资源。

四保一战术是最为传统、最为典型,也是最为完善的一个战术。自从打野战上抓人时代结束,所有的战术几乎都是由四保一演变出来的。而四保一本身也分为很多种,有推进四保一(4人抱团推进,领队牵制打钱)、打架四保一(4人抱团推进,领队支援收割)、抓人四保一(4人抱团抓人,领队收线推塔)、防守四保一(4人龟缩防守,领队收线打钱,其实也就是所谓的麻将四保一)。四保一战术体系繁多、博大精深,而且长盛不衰,现在很多比赛中也经常看到四保一战术。四保一战术的弱势期在于前中期,一般都要等到领队出山,才能正面对抗。现在纯四保一战术已经几乎消失,因为传统的四保一战术节奏太拖沓,不适用于当前快节奏的大环境,大核的前中期作战能力实在有限,正面战场如果少一个人则很难打,现在更多的还是运用一些四保一战术的变种。四保一最重要的就是那个"一",一般由传统的几个领队担任。虽然随着版本的变更或者出装上的变化,四保一战术或多或少地更能适应前中期打架的节奏,但并不改变传统领队的地位。

双核战术是从四保一里变种出来的。传统的四保一战术难以适应版本节奏,并且被对手的游走或者速推打法过多针对,双核战术因此应运而生。双核一般是拿一个能够打核心的中单,配上一个有作战能力的后期伪核。这样搭配的双核既能保证后期能力,前中期打架也不太虚,而且伪核的线上能力比较强,是当下最火热、最能适应版本的战术。双核战术的特点在于必须把握好双核和对面打团与自身发育的节奏,而且团战是有风险的,一旦团战失败陷入被动,双核想要翻盘是很困难的。总体来说,双核虽厉害,但也最讲究火候,而且整个阵容搭配起来,其实对核心的要求已经比较低了，更多还是对三、四、五号位实力上的要求。双核里的中单根据不同的人选，一般有双核团战和双核推进两种打法，由于双核都需要发育，所以需要更多资源发育，团战打赢或者吃掉对面的防御塔奖励都是很重要的。较新的一种三号位双核的打法也已经被开发并被大家认识。中单作为节奏位带领前期中节奏，由三号位担任后期输出的任务。此打法对劣单（单线劣势）选手的要求非常高，所以并不是所有队伍都能打出应有的作战效果。

　　三核全肥战术是当年 iG 统治 Dota 圈的招牌战术，虽然由于版本变化导致三核战术不太适应现在的比赛节奏，但无论如何，三核战术也被证明是一种成功的思路。顾名思义，"三核"就是三核心。当队伍有三核心的时候，每个核心的发育就非常成问题，所以先知这个能劣单、能全图飞着打钱的英雄几乎就成了三核的招牌。之所以提到三核时要提到全肥，就是因为三核战术对"酱油"（不做事）位的要求特别高，三核战术中的"酱油"必须肥，前期中"双酱油"是战术的关键点。如果"双酱油"崩盘，那么根本就没有前期可言，到了中期会非常被动，因为三核在中期的作战能力有限，大后期才是他们统治比赛的阶段。如果一场比赛没有前期和中期，那也就无所谓后期了，所以三核中最关键的其实是"酱油"位，现在的 DK 很适合这种三核全肥战术的打法。

1.《英雄联盟》战术介绍

　　上野压迫战术的核心思想就是压制对方打野发育，通过上单和打野的强势入侵敌方野区，不断侵蚀对方野区资源。实现这个战术，需要一个清线快的上单英雄，快速推兵线，然后配合打野入侵对方野区，使对方打野资源枯竭、发育不良，难以对线上队友进行支援。打野崩盘则导致 3 路抗压。最后造成经济上的优势，使得团战胜利更加轻松。经典英雄配合有龙女加寡妇、龙女加盲僧。

　　双游走战术的核心思路是，辅助放弃 ADC（普通攻击持续输出核心），配合打野双游走杀人，通过野辅配合带动全场节奏。实现这个战术，最重要的是要有一个能力强的 ADC。由于辅助放弃了，需要有线上 1V2 不崩盘的实力，然后一个带强力控制的辅助配合打野到处游走杀人，使得对方防不胜防。多次的成功游走必然带来对方经济上的劣势和对线的崩盘，这样不用等到团战，对方就已经输掉了比赛。这个战术有个变形，就是辅助带惩戒的双打野战术。前期就可以配合队友控制小龙，硬抢对方 buff，造成同样的后果。经典英雄配合有牛头或者宝石、螃蟹 ADC。核心英雄螃蟹厄加特。螃蟹拥有较远的射程和很高的抗性，非常适合塔下 1V2 抗压，不与对手正面对抗，防御塔下补兵发育并配合强势的英雄，是这个战术成功的最大原因。

刺客流战术的核心思路是刺客型中单，配合打野和自身高爆发在中路建立优势，最后依靠发育成形的中单打爆对面。核心英雄是高爆发刺客中单、螳螂、劫。当时的螳螂技能输出高，群体伤害强，还能空中放风筝，发育、游走、生存能力都很强，而 E 技能的存在使得强大的螳螂在团战中成为无敌的魔王。

41 分推战术的核心思路是一个能快速支援的上单单带一条线，其他 4 人抱团，对对方阵形造成牵制，形成局部多打少的局面，从而破塔、破水晶，直至最后胜利。这个战术需要一个水平高超的上单玩家，不仅需要对线能力强，对比赛节奏的把控能力也要很出众，要能够把握好局势。

全球流战术的核心思想是卡牌大师配合打野 NOC，依靠 6 级超远距离大招迅速支援以多打少，劣势路打出优势，优势路能够将对面选手击溃。崔斯特 6 级大招 IMBA 的距离，使上下两路对手提心吊胆，打野梦魇到 6 以后的强抓，加上慎大招的传送，经常造成瞬间 5 打 2 的局面。核心英雄是卡牌、梦魇、慎。

隐飞流战术是全球流的变形战术。其在卡牌大招距离削弱的情况下，依靠慎的大招和寡妇的隐身造成和全球流一样的效果。这个战术的精髓就是慎的大招配合一个隐身的英雄突然出现在一个意想不到的位置，迅速形成人数优势，然后抱团推进。由于梦魇的削弱及野区能力不强的弱点，这个战术慢慢消失。核心英雄是慎、梦魇、寡妇、老鼠。

速推流（POKE 流）的核心思路是 AOE 技能强力的英雄搭配，前期平稳对线，技能等级一到马上抱团，利用远程消耗能力将敌方打残。只要回家，一人就可以强行拆塔，只需要 9 级，有个残暴加魔宗的杰斯就能不停地推进、消耗、破塔，并再次推进，迅速取得经济上的巨大优势，然后就开始滚雪球。核心英雄是杰斯、豹女、女警、螳螂。

2. Dota 2 主流战术分析

除了常规战术，Dota 2 用辅助战术也比较多。关于辅助，举例来说，如果说把 Dota 里的 5 个人比作人的身体，那么辅助无疑就是双腿，一个人能跑能跳，才有可能打人。辅助其实是队伍里最重要的一环，因为一盘比赛的前期节奏，全靠辅助来带。可以说，辅助是前期的核心，所以辅助对于一支队伍的作用不仅是插眼做视野，替核心位置抗伤害而已，他们其实是比赛前期的主角。因此，辅助的战术一般都是围绕前期来展开的，常见的只有两三种。一种是防守型的，也就是"双酱油"前期发育。防守型战术一方面保领队发育，另一方面迅速做出梅肯等装备打中后期，这类"酱油"里一般都需要拿类似 Chen、冰女、谜团等这种能够打野的英雄。另一种是进攻型的，也就是双游战术。双游战术关键的作用在于使对方领队无法发育，牺牲"酱油"前期发育来干扰对手核心的发育。双游战术的"双酱油"最重要就是带控带爆发，小牛、冰女、拉比克、拉希克等都很适合。其他战术还有刚三、单游单发育、双中等。总而言之，"酱油"的战术灵活多变，但大多仅限于前期，进入中后期更多还是核心们的舞台。当然，小牛、SK、谜团等这种团控型四号位也是团战发动机，中后期一锤定音的能力也很强，但总的来说，辅助的舞台还是前期。如果前期打得好，那么整盘的节奏都被己方把控，可能中期就能把对手打败，所以辅助在前期选择什么样的战术以及执行得怎么样是非常重要的。

3. 《王者荣耀》战术详解

传统四保一战术算是目前比赛中最常见也最基本的战术之一。就是队伍选择一个射手作为后期核心，全程保这个"一"发育。等待这个"一"的装备成形后，就可以反过来带领队伍，从而拿下比赛。

突脸打架流也是目前比赛里比较流行的一种战术。这套战术的核心就是在前期通过不停地打架建立优势来击垮对手。因为比较拼前期的爆发，所以这种战术最大的特色就是没有发育成形慢的射手，而是依靠多刺客和战士的组合来达到预期的效果。

四一分带流战术的核心是通过一个人进行单带牵制，吸引对手多人来进行防守。剩下自己这边4人积极逼团，形成以多打少的局面，从而取得优势。这种战术最基本的就是要选出一个刘邦，因为刘邦的肉盾能力往往能吸引2～3个对手。等队友抓住机会开团了，"一"开大招支援团战，保证5人瞬间集结，即可剿灭少量敌人。当然，在一些时候，单带进行拆家偷塔也是这套战术的一种实行方式。这个时候机动性高、推塔能力强的韩信就会成为这套战术的首选。

双AP（法术）爆发流战术不算常见，但在职业赛里也是经常有队伍使用的。这套战术与打架流很像，都是放弃了射手，旨在前期定出胜负。

核心点顾名思义，就是选择两个法师来作为输出核心，能在团战中打出巨额的 AOE 伤害，保证团战的胜利。一般情况下，选择这个战术的队伍，必选一个手长、清兵快的姜子牙，再配一个主流的中单英雄。

二、第一人称射击类游戏战术

第一人称射击类游戏要注重以下 3 个原则。

（1）集中原则。集中是针对火力而言的。无论是反恐精英的跑位，还是恐怖分子的突袭，除非确实有必要，否则一定不要脱离大部队。在交火时，让尽量多的枪口指向同一个敌人。

（2）分散原则。分散是针对交火时人员的位置而言的。在确保火力集中的原则下，在交火时尽量让人员分散。这样，在交火时，敌人往往会有所犹豫，不知该先射击哪一个；而且敌人杀掉一个我方队员后，必须将枪口大角度翻转，才能重新瞄准。集中和分散这两个原则必须结合使用。

（3）运动原则。快速的运动是实现局部以多打少的必要条件。由于运动快，因此战斗打响的地点，进攻方总是能集中绝对的优势兵力，从而呈进攻态势。运动还有一个好处：长时间静止，眼睛总盯着固定的画面，常常让人精神松懈；而运动起来，画面不停闪动，能够让人神经紧绷，从而保持较快的反应速度。

《守望先锋》战术分析

现在普遍实用的 222 战术体系，由于稳健、英雄池容量大，所以被广泛使用。角色英雄有大锤、毛妹、76/麦克雷（现在普遍认同麦克雷）、源氏、DJ 及和尚。不错的保后排能力、毛妹的盾和不输于核心输出位的输出、麦克雷稳定的输出、源氏的骚扰与收割、和尚的进攻能力与单奶、DJ 的群补与加速，从理论上来说是完美的。大锤标配，shift 技能 300 伤害，盾牌可以让队友更好地消耗，自身 360°无死角挥锤击打对面的源氏很方便，但是大锤非常依赖于队友的操作能力，在单排中（这里指从定级赛就一直单排的人），擅长大锤的人往往不过 3000 分左右。毛妹是非常容易掌控比赛节奏的英雄，输出完全不输于核心输出位，有不错的自保能力，能够支援前排、保护后排，可以说是非常全面的英雄。不论什么战术体系，都可以围绕毛妹去打。一场团战中，如果输出是金牌，毛妹没有倒下，即使核心输出位和大锤倒下了，也是有可能打赢的。所以，判断一场团战的输赢，很大程度上取决于毛妹是否被击杀。麦克雷其实没什么特别的，稳定输出，是很标准的 FPS 游戏英雄，完全靠枪法吃饭，上限很高，下限无限，大招的释放很依赖于玩家技巧与个人意识。源氏是很强的骚扰英雄，在单排和路人局中可以起到不错的效果。源氏适合团战核心，而不适合单人排位。队友打到半血的时候，可以迅速收人头，为团战打出优势。DJ 本身就是自保能力很强的英雄，能够活用地图，是一位很考验个人经验与意识的英雄。

222 战术仅限上个版本。其实，自安娜版本出来之后，源氏遭削弱、天使被加强、和尚被修改等，新的 222 战术已经普遍试用于欧美的战队。

阵容介绍：大锤、毛妹、麦克雷、死神、DJ、和尚。相对于源氏来说，死神具备跟大部队的能力，而且比源氏更加出众，大招比起源氏更容易配合队友，自身不错的近战能力相较于源氏更加安全，在和尚的配合下，更是能打出不错的输出。在对面出现源氏的情况下，一个优秀的死神可以很好地保护自己的后排，而且面对路霸猩猩的时候表现更加优秀，在现在占点图中比起源氏更好。其实，上面的阵容也是可以打抢点图的。不过，在现版本中，这套似乎更适合面对漓江塔、伊里奥斯和尼泊尔。

阵容介绍：猩猩、毛妹、源氏、死神、DJ、和尚。猩猩比起大锤更加灵巧，而且骚扰后排的能力比起大锤强得多。如果想要打得更有进攻性，猩猩是不二之选。另外，说说 DVA。如果对面有死神，可以考虑把猩猩换成 DVA。不过，DVA 自身的尴尬使得其出场率并不如猩猩。源氏配合死神，两个打脸流核心输出位，如果闪光很强，死神可以换成闪光。

303 战术没有了传统的核心输出位，全部的输出交给了毛妹与大锤（和尚一般打不出多少输出）。输出对毛妹来说没问题，而大锤输出不如毛妹。303 战术的主旨在于一瞬间的团战，从阵容来说，303 不具备任何可以消耗和骚扰的能力。如果一场团战使用安娜大招却还是打输了，那么基本就没什么胜算了。而且，拖延了团战的时间点，在路人局中明显是不能实施的。大锤、路霸、闪光、死神、DJ、和尚可以很容易地破解这套战术，在比赛上出其不意，在复合图上占点是可以的，但如果作为一般战术，则是不可取的。

比起传统的 303，303 变种战术 312 似乎适合现在的打法阵容：大锤/猩猩、毛妹、路霸/DVA、死神/源氏、安娜。DJ 安娜自身的高治疗可以保护自己队伍的坦位，死神和源氏的输出弥补了输出的不足。加入小美的

312体系。小美本身的定位就十分模糊,将核心输出位上的一人换成小美应该最稳妥。小美在占点图上是很好用的,在阿努比斯神殿、沃斯卡纳工业区、花村这些地图上,放进来一个,然后利用地形,用冰墙分割战场,配合队友杀人,快速恢复大招冷却时间。这可以说是最好的占点图防守大招。

三、即时战略类游戏战术

《魔兽争霸》战术分析

(1) 人族双矿战术。人族玩家的开局持续到了第七个农民造到一半的时候,拉一个采金的农民去加速建造祭坛。双矿战术开始出现在 1.03 的天梯,从 1.04 开始,普及了的双矿战术风靡战网,其影响之深远、影响范围之大,已经远远超出了人族的范畴。双矿战术影响了整个魔兽的战争史,无数个补丁针对双矿战术做出调整,无数人族玩家搭上了双矿战术的顺风车。BAN 的前列几乎全部都是人族玩家(TOP 1000 里面有 700～800 个人族玩家)。兽人、暗夜、亡灵的玩家研究过 REP 后绝望地发现:当自己的英雄走出祭坛的时候,人族的分矿已经在建;而当英雄抵达人族分矿的时候,等待他们的是已经造好的基地和一群民兵。历经多个版本的削弱调整和洗礼,特别是《冰封王座》早期和中期,人族曾经放弃过双矿战术的那段时期后,人族玩家们深刻领悟了"双矿就是硬道理"这一铁律,无论谨慎发育、压制,还是消耗,人族绝大多数的打法都基于双矿战术,或者基于双矿的经济,或者基于双矿的威慑力。可以说,双矿开局的出现奠定了全世界人族玩家对战的基调,也给人族这个种族定了性。

(2) 人族"SKY流"。战术的原型是双召唤英雄配法师部队进行持续性的压制,本来是一种普通的战术,后来,"人皇"SKY敏锐地发现了人族的两英雄与兽人、暗夜的两英雄和二本建筑之间那稍纵即逝的时间差——"黄金一分钟"。优化流程之后,将压制战术执行精确到秒,将这一战术进化成了威力无边的"SKY流"(又称"一波流"),SKY 也因此成为《魔兽争霸Ⅲ》史上最强大的 3 位选手之一。这个战术威力无边,却也争议极大,因为这个战术实质是将对方的一切战术都扼杀在摇篮之中,用极限的计算和对时间的压榨,将对手压住,使游戏变成了纯操作的比拼。面对"SKY流",除了拼操作,对手没有任何在战术上反制的方法。

（3）兽人头环流。这个战术的特点就是开局卖回程道具，买头环。在这个战术刚出现的时候，给被其他3个族奴役了好几年的兽人指明了一条金光大道：卖回程道具、武装剑圣、头环加三围。头环对别的英雄来说只是一般的道具，但对于剑圣来说，力量（更多的血）、敏捷（护甲和攻速）、智力（魔法）全都是强大的属性，更多的护甲和血意味着更长的输出时间，更多的攻速意味着更多的攻击次数，更多的魔法意味着更多的疾风步，再加上提升的攻击力，这一切的加成全部优化集中在了一点：次数更多、威力更大的跳劈。头环流在天梯出现之后，Fly、Gruuby、Lyn们突然发现这个游戏原来这么简单。必须承认，在头环流之前的漫长的历史长河中，兽人一直是迷茫的，虽然他们各种战术都有，但是没有一种足够可靠的常规武器。这导致了在对方采取压制战术的时候，兽人的战术施展不开，失去了战略回旋的余地。然而，头环流的出现改变了一切，兽人们一夜之间就找到了主心骨：武装剑圣取得胜利已经是兽人的金科玉律，装备剑圣成了兽人取胜的不二法门。可以说，头环流毫无疑问是兽人史上最有创造力、影响最深远的战术。

（4）暗夜吹风流。这是暗夜对抗兽人的招牌战术，由Magicyang率先在比赛中使用，然后由MOON发扬光大，完善流程，彻底改写了兽人和暗夜之间的对抗格局：凶猛的兽人在天上吹吹风，下来的时候整个世界都已经变了，鼠标似乎失去了作用，兽人无力地承受着小小的鸟儿的无情蹂躏。吹风流无疑是暗夜史上最天才的战术。

（5）亡灵双鬼流。这是亡灵使用食尸鬼和石像鬼进行空地协同作战的战术，是操作大师的盛宴。关于这个战术的威力说法不一，但其团战时画面的华丽程度却毋庸置疑，诞生了无数经典画面——华丽的围杀秀，极限的石像鬼躲技能、骚扰、秒英雄，这是亡灵黄金年代和爆毁灭并驾齐驱的战术。这个战术华丽却不够稳定，即便如此，也不能降低这个战术的经典性，其超强的观赏性让亡灵大师们圈粉无数，天地双鬼战术也成了《魔兽争霸Ⅲ》史上最璀璨的明珠之一。

（6）狼骑换家。这是兽人最古老的战术之一，为兽人这个长于正面刚猛的种族添加了智慧属性。狼骑跑跑看似简单，实际上是对选手战略大局意识和多线操作的极大考验。玩家都知道狼骑跑跑，然而，能用得好的人却屈指可数。狼骑跑跑成了一种兽人战略威慑的力量。狼骑神出鬼没，每当对手想要孤注一掷的时候，狼骑总是先对方一步进入基地，令对手措手不及。这个战术的威力和影响力可见一斑。

（7）暗夜爆女猎。这是混乱之治暗夜的王牌战术。这个战术上限不错，下限超高，简单又有效，因此大量的新手玩家采用这种战术进入《魔兽争霸Ⅲ》对战的世界。可以说，很多《魔兽争霸Ⅲ》玩家的一血都是被这种战术拿下的。在《冰封王座》中，女猎从中甲被砍成了无甲，于是女猎流逐渐淡出了人们的视野。

（8）亡灵毁灭一波战术。这个战术的主要诀窍是前期骚扰，中期双线攒经济，速升3本，造4～6部车子，然后部队抵达对面基地的时候3本完成，直接变毁灭吸车子再变毁灭。有魔的毁灭拥有超强的爆发力，特别是早期的毁灭甚至可以存魔法，使得这个战术十分强大。最重要的是，毁灭能把人族吃得死死的，这直接导致了顶级UD对HUM难求一败。

（9）人族万金油战术。这是ROC早期就出现的战术，但那时法师的强大（跟火枪手一样是穿刺攻击）和HUM另外一个无解的强大战术让这个战术并不显眼。直到《冰封王座》出现，法师被改成魔法攻击，并且攻击力大幅下调，再加上其他一些原因（主要是经济困难），万金油战术作为一个中期操作性和战斗续航能力超强的战术崛起了，成了四五年之内人族的主流战术。这个战术操作感强，不太依赖经济，并且在无维护费和低维护费下都能积攒大量的部队，对暗夜和兽族都有很强的表现力，几乎可以应对一切情况。因此，大概在那几年，人族几乎只有这一个战术，不过这个战术也有一个致命的弱点，直接把人族推向了深渊，也把另外一个种族送上了巅峰。这个致命的弱点就是，打不过就毁灭，这直接导致了HUM被UD压死，低迷了好几年，不过随着后期新战术的开发，从万金油演战术变而来的80人口混编战术又在面对NE的时候爆发出了强大的生命力。

（10）亡灵蜘蛛流。早期的蜘蛛流比较弱势，5蜘蛛练级，养高级英雄然后进行团战。这个战术在混乱之治中的弱点比较大，操作性不强，在顶级对话中没有什么优势。然而，在《冰封王座》中，车子毁灭和商店的出现让这个战术强大了起来。随着亡灵的下滑，这个战术看上去只是个普通的战术罢了，直到蜘蛛流的集大成者TED出现，人们终于认识到蜘蛛流战术的弹性和潜力，从而超越狗流成为近年来的UD主要战术，更是一举夺得WCG冠军，影响力不可谓不大。

四、多人在线模拟体育运动类游戏战术

以《实况足球》为例，这款足球类游戏中的基础战术一共有 5 种，分别为快速反击、控球游戏、全体防守、全体进攻以及侧翼进攻。

（1）快速反击战术现在比较流行，中轴线的运球务求找出最佳的打门地点。特点是：进攻靠反击、联系靠短传、进攻区域居中、以跑位保持队形；防守保持前场紧逼、侧翼负责围堵、总体积极施压。两侧翼并非典型的飞翼，相当于是翼锋变为左中场和右中场，他们都是为中路而传递和压逼进攻服务。这样就能使两个边后卫快速上前策应。两侧的通道一旦被打通，会对对方禁区附近造成极大威胁。在防守端，前场压逼对前锋线球员的防守意识以及体能有着很高的要求。前场紧逼一旦断球成功，就可以实施绝佳的反击攻势。这也是这套战术的精髓所在。前场紧逼很考验现象的功夫，一是要拦下皮球，二是要将机会转化为入球。此外，前场防守不宜过于粗暴。所谓"紧逼"，也就是己方球员靠近对方持球球员，尽可能紧贴对手，寻找对方持球球员失误的时机再下脚。一般前场紧逼的范围是对方禁区前至中圈附近。当对手控球过了中场，就需要开始采取正常的防守风格。这个战术的缺点是，如果前锋不给力，那么每场比赛都会丢两分（平局）。

阵形推荐：4—3—2—1 和 4—2—3—1。选择这两套阵形的原因是，它们都对翼位没有要求（准确来说，这两套阵形只有边路中场，而非翼位），任何中场、锋线都可以胜任。而且都聚集了 5 名中场球员，拦截力和传送能力可见一斑。两名中场和前锋一定要跑得快且射门精准。

队员配置：两名边后卫最好都是奔跑能力极好、脚法一流的球员。在进攻时，他们上前能够释放两名边路中场，使他们能够更大程度地加入攻击群当中。至于防守方面，选一名体力超乎常人的拖后中场（如切尔西队的坎特）、善顶头头（对方开门球，直接就能抢到第一点）。然后，选择两名杀伤力大的中后卫，机动性可以低一点，但力量一定要够大，解围、铲球的距离越远越好。有些人可能喜欢从后场就开始组织，但快速反击这套战术最好还是让能够快速后场拦截的球员参与。最重要的是要有好前锋。要选一名射门精准度高的前锋，否则无法入球，对中后场防守会造成很大压力。

（2）控球游戏可以说是快速反击的进阶版，因为这两套战术的特点除了进攻风格有差异之外，其他都基本一致。它的特点是进攻靠控球，联系靠短传，进攻区域居中，以跑位保持队形；防守保持前场施压，侧翼负责围堵，总体积极施压。所以说，控球游戏是建立在快速反击基础之上的。快速反攻对翼位没有要求，控球游戏对前锋也没有要求。这套战术很适合那些每个球员技能水平都很均衡的球队，每一个人都可以充当射手，但要求每个人都有过硬的传球基本功。这套战术对玩家的传球判断力也有很高的要求。进行控球游戏，在将球拦截下来后，就要开始组织进攻。例如，门将没收球，就从门将这一点开展组织。有时候也要学会让门将将手中的球放到脚下，然后让门将充当半个后卫带球走出禁区。而中后卫更多时候都要扮演防守中场的角色。此时，只需要留下一名中卫和门将（就是所谓的"门卫"）负责保护中圈与葫芦顶之间的区域。其他人都去负责中前场的组织过渡，以多脚传递的方式寻求冲破对方后防线，从而射门得分。防守人数不需要太多，一名后卫和一名门将即可。倘若对方成功防守并且实施反击，这时候就得牺牲一下后卫和中场，让其中一人犯规，以拖慢对方的进攻速度。不过，控球游戏战术很少出现被反击的机会，大多数情况下是压着对方来打，偶尔出现反击机会，要当机立断去犯规。控球游戏战术的缺点是，在倒脚的时候，对方早就回防，接着就是长时间的攻防拉锯战。

阵形推荐：4—3—2—1和4—2—3—1。这是与快速反击战术一样的阵形。选择这两套阵形的原因是，它们对翼位、锋线没有过多的要求。中场能力会强化，而且中场的5人全都可以担任前插的影子前锋，单独的前锋可以作为"支柱"衔接过渡，作为炮台为后插上的中场队员横传皮球。

球员配置：上至前锋，下至门将，全都要选择传球一流的球员，确保从后场推进至前场传球精准度都在95%以上。

打法推荐：控球游戏战术一般都是跟快速反击战术一样，集中中路突破、射门，适合短距离横传，然后立刻一脚抽射。而边路惯常是下底倒三角，然后再考虑是继续横传还是打门。防守方面，其实控球游戏战术防守与快速反击战术一样，靠的是前场防守，该犯规时还是得勇敢去犯规。当死球即将开出时，防线就能够到位。

（3）全体防守战术不适合长时间使用。它的特点是进攻靠控球，联系靠短传，进攻区域居中，以跑位保持队形；防守保持全体防守，侧翼负责围堵，总体积极施压。全体球员防守，并非指3条战线全都拖后，而是3条战线都是一道防线。它是快速反击战术的弱化版，偏向于防守的快速反击。在快速反击战术下，一旦己方丢球，前锋线、中场要开始回追；回追到一定程度后就放弃，交由下一个防线负责防守。而全体防守战术是每条战线都要使出全力防守，一旦一条战线被突破，全体回缩，则一定要将球拦下来。全体防守的进攻态势是偏倒脚，没有明确的进攻迫切性，所以夺下球后，不停倒脚消耗时间即可。全体防守一般应用在球队具有分数上的优势时，可遏制对方的进攻。其缺点是全体防守对球员的体能消耗很大，而且比起持球进攻，无球防守更消耗玩家的耐性。另外，全体防守战术进攻乏力。

阵形推荐：4—3—2—1和4—5—1。更推荐的是4—3—2—1，因为它确保3条防线都有3人，能够覆盖到一个横截面。而4—5—1在某程度上会变成两条防线，中场防守能力强，前场则只留一人防守，防守作用基本可以忽略不计。

球员配置：跟控球游戏战术一样，中场和后卫需要防守意识强、传球精确的球员。因为后场的压力会比较大，所以不时需要门将充当一下后卫。

打法推荐：压迫进攻是手段，整体防守是关键。

（4）全体进攻战术特点是进攻靠反击，联系靠短传，进攻区域居中，以跑位保持队形；防守保持全体防守，侧翼负责围堵，总体积极施压。在人数上，后防线削减一个人，在进攻方面会多出一人，前锋和前腰前压到越位线附近去，积极准备打反击。而中前卫、后腰和后卫是不受它影响的。为了不让球队整体出现层次撕裂，后防线也需要到中圈进行传递和布防。进攻一般配上长传冲吊的打法，然后让中前场球员压迫对方的后防线，因此，要经常使用高吊球和直塞球。总体进攻与全体防守是对立面，它主要在本方分数落后，要马上追赶分数的情况下应用。其缺点是会造成中后场的空虚，若回防不及时，则容易被对手形成单刀球。若在10分钟（游戏时间）高压之下仍未觅得破门良机，建议暂时改为其他综合性的战术，缓和一下节奏，以防球员的体力大幅削减。

阵形推荐：4—2—4和3—3—4。官方给出的合适阵形是3—3—4，但是为了保障后防线安全，在中场调度一人到后防线更好。因为后场与前场的过渡大多数是开大脚（直塞、高吊球、高空球、大力低平球），中场球员多数是作为接驳,所以中场削减一人。

球员配置:中后场不需要稳,只求力量大和速度快,盘带一两步调整好姿态就开大脚。中前场球员一定要懂得如何处理速度极快的来球。该战术比较考验玩家在球员被压制时接球的处理。

(5)侧翼进攻战术特点是进攻靠反击,联系靠短传,进攻区域居中,以跑位保持队形;防守保持全体防守,侧翼负责围堵,总体积极施压。基于现今古典型边锋罕见,这套进攻战术实际上很难被运用,即便能够成功运作,也是不成熟的飞翼战术。所以,为了填补如今"翼位"的缺陷,通常外侧战术还需加上两个边后卫帮忙。边后卫从后插上,做二传过渡,从而加快边路的运转。从前外侧进攻战术非常讲求古典型边锋的灵光一闪和持球奔跑速度,凭借他们的天赋来突破对手防线,然后进行致命传送或做出极具威胁的打门。这个阵营虽说是为翼位而设的,如今实质上却与反击战术无异,只是将球权交由边锋和边后卫处理。处理手法以球员盘球突破为主。而在攻防两端,其他球员只需配合走位并做好防守工作即可。其缺点主要是飞翼人才缺乏。为了弥补这一缺点,玩家要学会过人操作。

阵形推荐:4—4—2、4—3—2—1 和 4—1—2—3。

第九章　电竞战队参赛工作

一、电竞战队赛前工作

参赛战队的赛前准备包括战术分析、赛前集训和赛前心理调控。一般在参加大赛前，俱乐部会请国内外的一些知名教练来对自己俱乐部的参赛战队进行短时间的技术指导，其中包括本身战术的指正和对手战术的分析。备战期间，战队会在专业的备战基地接受高强度的训练。相对于平时训练来说，赛前训练会更集中一些。

在比赛之前，在知道对手是谁的情况下，队员和教练会去看对手的一些影像资料，了解他们的比赛风格和主要的战略规划，制定相应的战略措施。因为选手的状态不同，有人适合赛前放松，有人适合赛前高强度训练，所以在赛前准备期间，教练也会根据选手的不同特点，制订不同的赛前准备方案。

电子竞技和传统体育竞技不同，不需要对体力进行很高强度的训练。在电子竞技运动过程中，尽管躯干处于相对静止的状态，但由于上肢和大脑一直在高强度地运转，所以人体新陈代谢、心率和血液循环都会加快，以提供所需的能量，因此也会消耗能量，产生疲劳感。所以，电子竞技选手的体能储备更多是靠平时的训练，赛前只要保证正常的体能训练，以维持队员的基本状态就可以了。

最重要的是对竞技选手的心理疏导。很多选手在赛前会出现信心不足的情况，所以要对队员进行赛前心理调控。完善赛前准备，让选手知道赛前的信息收集是充分的，战队已经做了充足的准备，只要发挥出正常水平即可。多交流，以增强队员的自信心。让队员们保持平常心，控制好自己的情绪，稳定发挥。如果出现一些突发情况，教练员和心理咨询师应该及时给予队员相应的指导，让他们做好情绪调节。在比赛过程中，如果有突发状况影响选手的心理状态，教练和心理咨询师也应该及时给予队员临场指导。在线下比赛中，教练可以直接进行指导。在比赛进行期间，教练可以在比赛间隙或者开场前进行指导。这和传统比赛项目是类似的。

二、电竞战队赛后工作

电竞选手在一年中会参加多场季度赛、循环赛和联赛等,经验越丰富的队员,其自我调节能力越强。在每一场比赛结束后,无论输赢,队员们都会产生疲劳感,需要经过一个短暂的缓冲期才能进入下一阶段的训练。所以,在比赛后,需要设置赛后恢复训练来帮助队员们调整到最佳的状态。

要针对心理疲劳,对选手进行指导。胜利是对队员们前段时间训练的一种肯定,要对他们的成就表示认可,也要有相应的奖励。如果失败了,则不要把焦点放在操作失误的某个人身上,要客观地找出失败的原因,并对后续的改进方案做出初步的指导。

比赛期间,队员们承受了巨大的压力,赛后对外界的一些评论可以适当地加以屏蔽,暂时让队员们离开训练的和比赛的环境,换一个比较舒适的恢复环境,让队员们进行一些不一样的训练,如篮球、足球之类的户外体育运动。这既可让队员们放松身心,也可增进队员们的感情。电竞选手普遍年龄较小,很多选手的抗挫折能力并不是很强。如果有反应比较强烈、对失败很难接受的队员,教练一定要及时安排专业人士进行心理指导。

三、电竞战队的未来

2018年5月14日,亚奥理事会公布了2018年雅加达亚运会的电竞项目,《英雄联盟》、*Arena of Valor*(《王者荣耀》国际版)、《部落冲突·皇室战争》、《炉石传说》、《星际争霸Ⅱ》和《实况足球》6款游戏入选。入选的这6款游戏中,《英雄联盟》、*Arena of Valor* 和《皇室战争》分别由腾讯开发或代理国服,《炉石传说》《星际争霸Ⅱ》和《实况足球》的开发商则与网易有较为密切的合作关系。

在这个网络发展迅速的时代,游戏成了很多人生活中必不可少的一部分。从《魔兽世界》到《英雄联盟》,从《守望先锋》到《绝地求生》,这些游戏不再是人们眼中的玩乐品,而是发展成了一个新兴的行业,甚至还举办了很多次世界级的比赛,逐渐被人们所接受。国内的电竞战队也因此获得了更多的参与平台和更大的发展空间。